インバウンドで
チャンスをつかめ

中小企業における
訪日外国人受け入れの
現状と課題

日本政策金融公庫総合研究所 編

刊行に当たって

　日本を訪れる外国人旅行者（インバウンド）は近年急増しており、2017年には2,800万人を突破した。インバウンドによる消費額も増え、2017年には4兆4,000億円になった。日本の経済規模に比べればごく小さいが、この5年間で3兆3,000億円も増加している。宿泊業や飲食店、運輸業など観光産業や小売業にとって、インバウンド市場は貴重な成長市場である。

　観光産業や小売業の多くは中小企業である。インバウンドの増加は中小企業にとって売り上げを増やす絶好の機会であるが、実際には外国人で賑わう店もあれば、日本人しか来ない店もある。チャンスを生かすには、個々の企業による工夫や仕掛けが欠かせない。

　本書は、中小企業におけるインバウンド受け入れの実態、インバウンドの増加を成長の機会とするための方策、そしてインバウンドを受け入れていくうえでの課題を探ったものである。

　第1章では、インバウンド受け入れの経済的・社会的意義を整理したうえで、官公庁統計等を使い、インバウンドの経済効果および世界と日本のインバウンドの動向についてまとめた。第2章では、日本政策金融公庫の融資先を対象としたアンケートの結果を用い、インバウンドを多く受け入れている企業の業績が良いことを明らかにしたうえで、インバウンドを多数獲得している企業とそれ以外の企業との違いを探ることにより、インバウンドを獲得するための条件を示した。

　第3章では（公財）日本交通公社の塩谷英生氏に、インバウンド

受け入れのボトルネックを整理していただいた。政府は、インバウンド数を2020年までに4,000万人、2030年までに6,000万人とする目標を掲げている。世界全体の海外旅行者は今後も増加する見込みであり、需要だけをみれば目標の達成は可能と思われる。しかし、どれだけ需要があっても宿泊施設や渡航手段などキャパシティを超えてインバウンドを受け入れることはできない。

　第4章では、（公財）日本交通公社の柿島あかね氏に、日本の旅行業におけるインバウンド事業の実態と課題を整理していただいた。総合研究所では旅行業を調査対象にしなかったが、旅行業にとってもインバウンドの増加はチャンスのはずである。

　第5章では横浜市立大学の坪谷美欧子准教授に、多文化共生社会とインバウンドとの関連について論じていただいた。日本を訪れる外国人は観光客だけではない。就労目的の人もいれば留学目的の人もいる。しかも、いま働いている人が将来は観光客になるかもしれないし、観光客が労働者になるかもしれない。日本の政策はインバウンドと外国人住民をそれぞれ別のものとして扱ってきたが、それは観光立国を目指す日本にとって望ましいことなのだろうか。両者を統合すべきではないのだろうか。

　最後になったが、たいへんお忙しいなか、アンケートやヒアリングにご協力いただいた企業の方々には、この場を借りて厚く御礼申し上げる。

2018年6月

日本政策金融公庫総合研究所

所長　武士俣　友生

目　次

第1章　インバウンド受け入れの意義と動向 …………… 9

1　インバウンド受け入れの経済的・社会的意義 ………… 11

（1）日本経済の成長要因……………………………… 11

（2）地域経済の活性化………………………………… 12

（3）新規参入・新規事業開発の促進 ……………… 13

（4）国際的な相互理解……………………………… 15

2　日本経済とインバウンド………………………………… 16

（1）経常収支と輸送・旅行収支の動向 …………… 16

（2）観光の経済波及効果……………………………… 20

3　世界のインバウンド……………………………………… 27

（1）インバウンド数………………………………… 27

（2）インバウンドによる観光消費 ………………… 29

（3）インバウンドの出発地 ………………………… 33

（4）世界のアウトバウンド ………………………… 34

4　日本のインバウンド……………………………………… 38

（1）インバウンド数の動向 ………………………… 38

（2）インバウンドの入国港 ………………………… 42

（3）インバウンドの訪問先 ………………………… 46

（4）主要国・地域別にみたインバウンドの特徴 ………… 52

（5）インバウンドの消費行動 ……………………… 65

（6）訪日旅行の満足度……………………………… 82

第2章　中小企業におけるインバウンド受け入れの実態 … 87

1　インバウンドの受け入れ状況 ……………………………………… 90
　（1）　アンケート回答企業の属性 ……………………………… 90
　（2）　インバウンドがいる企業の割合 ……………………… 91
　（3）　インバウンドの数 ……………………………………… 93
　（4）　インバウンドの属性 …………………………………… 95

2　経営への影響 ………………………………………………………… 98
　（1）　売り上げに占めるインバウンドの割合 ……………… 98
　（2）　売上高と採算の動向 …………………………………… 98

3　インバウンドが多く集まる企業の特徴 ……………………… 101
　（1）　旅マエ …………………………………………………… 102
　（2）　旅ナカ …………………………………………………… 123
　（3）　旅アト …………………………………………………… 145

4　インバウンド受け入れに関する今後の方針 ……………… 149
　（1）　受け入れ方針 …………………………………………… 149
　（2）　受け入れたくない理由 ……………………………… 150
　（3）　受け入れていくに当たっての課題 ………………… 153

5　中小企業全体への影響 …………………………………………… 155
　（1）　業種別の影響 …………………………………………… 155
　（2）　インバウンドベンチャー …………………………… 156

第3章　拡大する訪日市場と受け入れ態勢の課題
　　　　　—宿泊業からみたボトルネックの点検— …………… 163

1　はじめに …………………………………………………………… 165
　（1）　訪日市場の拡大と政府目標 ………………………… 165

（2） 受け入れ能力の課題 ································ 165

2 訪日市場の動向 ·· 168

（1） 訪日市場の量的動向 ··························· 168

（2） 訪日市場における客層変化と消費性向 ········ 169

3 訪日市場のボトルネックと観光政策の点検 ········ 177

（1） 宿泊客数に関するボトルネック ············ 178

（2） 宿泊単価減少に関するボトルネック ········ 183

（3） 経営環境からみたボトルネック ············ 184

第4章 インバウンドの増加と国内旅行業 ········ 189

1 はじめに ·· 191

2 インバウンド市場と国内の旅行会社の訪日旅行事業の現状 ··· 194

（1） インバウンド市場の現状 ···················· 194

（2） 国内旅行会社における外国人旅行取り扱い ········ 196

（3） 国内の旅行会社におけるインバウンドビジネス ······ 198

3 インバウンド市場と海外の旅行業 ················ 203

（1） 台　湾 ··· 203

（2） 香　港 ··· 207

（3） 中　国 ··· 209

4 今後に向けての課題とインバウンド需要を取り込むための視点 ··· 212

第5章 インバウンドにみる多文化共生社会とは
―地域社会における外国人住民との相互理解のために― ··· 217

1 問題意識 ·· 219

2 問題の背景とリサーチクエスチョン ············ 220

7

（1）　外国人観光客と外国人住民　………………　220
（2）　観光客／住民としての「他者」の受容　…………　223
3　自治体の多文化共生施策にみられる変化　……………　226
（1）　多文化共生と観光促進の組織的統合—仙台市の事例…　226
（2）　多文化共生に関わる指針の策定—横浜市の事例　……　228
（3）　行政サービスと観光の拠点づくり—川崎市の事例…　230
4　自治体と企業の連携
　—海外送金サービスを通した地域の情報発信　……………　232
（1）　外国人労働者と海外送金　………………………　232
（2）　自治体との協定締結………………………………　236
5　結　論　………………………………………………　238

資料　インバウンド（外国人観光客）の受け入れに関する
　アンケート：調査票……………………………………　245

第1章
インバウンド受け入れの意義と動向

日本政策金融公庫総合研究所
研究主幹　竹内　英二

第1章◆インバウンド受け入れの意義と動向

　第1章では、まずインバウンドを受け入れることの経済的・社会的な意義を整理した後、既存の統計やデータをもとに、インバウンド観光による経済波及効果、世界および日本におけるインバウンドの動向を概観する。

1　インバウンド受け入れの経済的・社会的意義

　日本では、小泉首相（当時）のもとで観光立国を目指すことが決まり、2003年にビジット・ジャパン事業という訪日キャンペーンが始まった。2006年には観光立国推進基本法が成立し、観光の振興、とりわけインバウンド（訪日外国人）の誘致は、日本の重要課題と位置付けられている。同法第1条には、「国民経済の発展、国民生活の安定向上及び国際相互理解の増進に寄与すること」を法の目的とするとあるが、インバウンドの誘致によって具体的にはどのような効果が期待できるのだろうか。

（1）　日本経済の成長要因

　日本にとってインバウンドの誘致が重要であるのは、まず日本経済の成長に貢献するからである。日本の人口はすでに減少に転じており、長期的に国内市場の縮小は避けられない。日本が現在の経済水準を維持し、さらに発展させるには国外の需要を獲得することが必要になっている。

　外需を獲得する方法としては、輸出や海外直接投資など、日本の企業や製品が海外に出て行く方法もあるが、外国人が日本に来て、食事をしたり買い物をしたりして消費してくれれば、それもまた外

11

需の獲得にほかならない。実際、外国人旅行者による日本での消費
は、国民経済計算でサービスの輸出として計上される。

　インバウンドに販売することができれば、生産と消費が同時に行
われるサービスの同時性ゆえに輸出ができない飲食店や宿泊業、運
輸業でも外需の獲得ができる。資金や人材の制約、あるいは相手国
の外資規制によって海外に出店できない小売業や飲食店、サービス
業も海外の消費需要を取り込むことができる。

　しかも、幸いなことに、日本の近隣には今後も成長が見込まれる
国がいくつもあり、インバウンドを増やせる環境がある。観光を振
興して外国人を呼び込むことは、現実的な成長戦略といえる。

（2）　地域経済の活性化

　観光は従来から地方の活性化策として期待されてきた。最近でも
地方創生の一環として観光振興に取り組む自治体が少なくない。観
光の経済効果は、宿泊業や飲食店、運輸業など、直接関係する産業
だけではなく、取引関係を通じて製造業や建設業、さらには農業や
漁業など他の産業にも波及していくからである。

　もっとも、日本人による旅行市場は、人口の減少と高齢化などから
停滞しており、将来も成長が見込めない。そのような状況で地方が
観光振興に力を入れても縮小するパイを奪い合うだけになってしま
う。しかし、インバウンドであれば奪い合いにはならない。むしろ、
ある地域でインバウンドが増加すれば、その近隣でもインバウン
ドが増加することを期待できる。例えば、東京を訪れた外国人は日
光や箱根に足を延ばすだろうし、福岡を訪れた外国人は次の旅行で
大分や熊本に行くかもしれない。

第1章◆インバウンド受け入れの意義と動向

　経済的な効果に加えて、人や企業が自信を回復することも期待できる。日本人にとっては当たり前の製品やサービスも、外国人には新鮮であり、日本人の旅行者よりも高い評価をしてもらいやすい。料理やサービスを褒められれば企業の経営者や従業員は誇らしく思うから、インバウンドの受け入れはやりがいにもつながる。

　ただし、インバウンドの受け入れは地域経済にとって良いことばかりではなく、負の効果もある。その典型は環境破壊や交通渋滞である。例えば、国土交通省（2017）は、観光地周辺の主要な渋滞箇所9,099カ所（2015年12月時点）のうち17.2％が観光交通によるものだとしている。また、「京都エリア観光渋滞対策実験協議会」によれば、京都市では渋滞だけではなく、路線バスが混雑して通勤・通学客が乗れないといった市民生活への悪影響も指摘されている。交通機関や観光スポットでの混雑があまりにひどくなれば観光地としての魅力も低下しかねない。

　こうした問題が発生すれば、行政は何らかの対策を講じなければならず、そのコストを賄うための財源が必要になる。京都市の場合は、観光客の受け入れ態勢を整備するために2018年から市内の宿泊者に課税する宿泊税[1]を導入する予定である。

（3）　新規参入・新規事業開発の促進

　経済効果として取り上げられることはあまりないが、観光客の増加は新しい企業や事業の誕生を促す。例えば、厚生労働省の「衛

1　1人1泊につき、宿泊料金が2万円未満は200円、2万円以上5万円未満は500円、5万円以上は1,000円。

生行政報告例」によると、ホテルの数は2012年度の9,796施設から2016年度の1万101施設へ、簡易宿所は同じく2万5,071施設から2万9,559施設へ、それぞれ増えている。インバウンドの増加に対応して既存の企業が施設を増やしているだけではなく、新規参入が増加しているためと考えられる。

インバウンド市場は、多くの企業や自治体にとって不慣れなものであるため、誘致や受け入れのノウハウが足りない。言葉の問題もある。しかし、不足があれば、それを補うサービスが登場する。例えば、インバウンド受け入れに関するコンサルティング、海外に日本の観光情報を発信するメディア、翻訳・通訳アプリといったものが挙げられる。一般の住宅を宿泊用に提供する民泊とその仲介も、インバウンド関連の新しいサービスといえよう。

新規参入の増加や新しい事業の開発は、雇用機会を増やしたり、新たな付加価値を生み出したりして経済に貢献する。また、新しい企業や事業のなかには、インバウンドだけではなく、日本人の観光客にとっても利便性が向上するものが少なくない。安価なホステルや民泊は日本人旅行者も利用するし、海外向けの観光メディアは日本人旅行者にとっても参考になる。

ただし、新規参入の増加は既存の企業にとって競争の激化を意味するし、新しいサービスに代替される既存サービスもあるので、当然ながら撤退したり、淘汰されたりする企業もある。さらに新規参入する企業が日本国内や地域内の企業とは限らないことも、場合によっては問題となる。

日本は対内直接投資が少なく、その増加は長年の課題となっているので、外国の企業がインバウンド市場に参入してくることは歓迎

第1章◆インバウンド受け入れの意義と動向

すべきではある。しかし、参入した外国企業が日本人を雇用せず、また日本の企業と取引もしないし、得られた収益を本国の企業がほとんど吸い上げてしまうといったことがあれば、インバウンドの受け入れによる経済効果は国外に流出してしまい、必ずしも望ましい投資とはいえない。

地域経済についても同様で、地域外の企業が参入すること自体は悪いことではないが、その企業が地域の人を雇用せず、地域の企業からも仕入れないといったことがあれば、せっかくインバウンドが増えても、その果実は地域外に流出してしまう。地域外の企業が地域の企業を駆逐してしまうようなことがあれば、事態はいっそう深刻になる。

（4） 国際的な相互理解

国連世界観光機関（UNWTO）は、観光は「ソフトな外交（Soft Diplomacy[2]）」のツールであり、「相互理解、平和、安全」に貢献するとしているが、日本においても同様である。日本を知ってもらい、また他国を知ることは、日本が国際社会の一員であるためには欠かせない。観光を通じて親日派、知日派といわれる人たちが海外に増えれば、日本の対外政策は多少なりとも円滑に進むかもしれない。

もっとも、1週間程度で有名な観光地を回り、買い物をして帰るだけといったスタイルの観光で、国際的な相互理解が深まるとは考えにくい。まして、意図的ではないとしても、インバウンドに対する企業の差別的な言動がしばしばニュースになるようでは、日本のブ

2　詳細はhttp://www.tourism4development2017.org/why-tourism/を参照。

15

ランドイメージは高まるどころか損なわれかねない。国際的な相互理解の増進を目的とするのであれば、お金を使わせるだけの物見遊山型の観光ではなく、日本人とインバウンドが共通の体験をもち、積極的にコミュニケーションをとるような旅行を増やしていく必要がある。もちろん、日本人が海外を旅行して、他国の文化に対する理解を深め、差別や偏見をなくすことも欠かせない。

2　日本経済とインバウンド

　インバウンドの主要な意義として、経済の成長に寄与することが挙げられる。そこで、本節ではインバウンドが日本経済に与える影響を経常収支と観光の経済波及効果のデータを使ってみていく。

（1）　経常収支と輸送・旅行収支の動向

　日本の経常収支の推移をみると、東日本大震災があった2011年から黒字額が減少し始め、2014年には3兆9,215億円にまで落ち込んだ（表1−1）。主な原因は貿易収支の悪化である。貿易収支の推移をみると、2010年には9兆5,160億円の黒字であったが、石油や液化天然ガスの値上がりもあって2014年には10兆4,653億円の赤字となった。2015年からは、貿易収支の改善に伴って経常収支の黒字も増加し、2017年は21兆9,514億円の黒字となっている。

　貿易収支は製品や商品などモノの輸出入に関する統計であるが、貿易にはサービスの輸出入もある。これを示すのがサービス収支である。サービス収支は、①輸送（国際的な貨物や旅客の運賃の収支）、②旅行（訪日外国人旅行者や日本人海外旅行者の旅行先での消費額

第1章◆インバウンド受け入れの意義と動向

表1-1　経常収支、貿易収支、サービス収支の推移

(単位：億円)

年	経常収支	貿易収支	サービス収支	輸送収支	旅行収支
2003	161,254	124,631	-41,078	-6,058	-23,190
2004	196,941	144,235	-42,274	-7,483	-29,189
2005	187,277	117,712	-40,782	-5,021	-27,659
2006	203,307	110,701	-37,241	-6,032	-21,409
2007	249,490	141,873	-43,620	-8,264	-20,199
2008	148,786	58,031	-39,131	-7,316	-17,631
2009	135,925	53,876	-32,627	-8,383	-13,886
2010	193,828	95,160	-26,588	-3,698	-12,875
2011	104,013	-3,302	-27,799	-6,202	-12,963
2012	47,640	-42,719	-38,110	-9,907	-10,617
2013	44,566	-87,734	-34,786	-7,183	-6,545
2014	39,215	-104,653	-30,335	-6,653	-444
2015	162,351	-8,862	-19,307	-6,831	10,902
2016	203,421	55,251	-11,480	-6,837	13,266
2017	219,514	49,554	-7,257	-6,653	17,809

資料：財務省「国際収支総括表」「サービス収支」

の収支）、③金融（証券売買等に係る手数料等の収支）、④知的財産
権等使用料（特許権や著作権料の収支）の4項目から成る。

　表1-1にある通り、サービス収支は長く赤字が続いているが、赤
字の幅は2015年から大きく縮小しており、2017年には－7,257億円
と、黒字に転換する可能性もみえてきた。その原動力はインバウン
ドの増加である。

　インバウンドが日本で消費した金額、例えば宿泊料、飲食費、買

17

い物代金、日本国内での交通費はサービスの輸出として旅行収支の収入側に計上される。逆に、日本人が海外で消費した金額はサービスの輸入であり、旅行収支では支出側に計上される。この旅行収支の推移をみると、ビジット・ジャパン事業が始まった2003年には2兆3,190億円の赤字であったが、2005年以降はほぼ一貫して赤字幅が縮小し、2015年には黒字に転換している。つまり、日本人が海外で消費する金額よりも、インバウンドが日本で消費する金額のほうが多くなったのである。

　もっとも、日本人が海外で消費する金額が少なくなっても旅行収支は黒字化する。そこで、法務省の「出入国管理統計」をみると、日本人の出国者数は2007年から2016年にかけて1,500万人から1,900万人の間で増減を繰り返しているのに対して、外国人の入国者数は同期間に915万人から2,322万人へと大きく増加している。インバウンドの増加が旅行収支、そして経常収支の改善に貢献していることは間違いない。

　一方、インバウンドに関連した収支でありながら、輸送収支には旅行収支のような黒字化傾向がみられない。輸送収支は、例えば日本の航空会社が外国人を運んだ場合はサービスの輸出となり、輸送収支の収入側に計上され、逆に外国の航空会社が日本人を運んだ場合はサービスの輸入となり、輸送収支の支出側に計上される。つまり、インバウンドは増えているが、来日するに当たっては外国の航空会社や船会社を利用しており、日本の航空会社や船会社の利用はそれほど増えていないのである。

　なお、輸送収支が赤字であることは、日本人が海外旅行する際に外国の航空会社や船会社を利用することが多いことも示している。

表1-2　地域別旅行収支の推移

（単位：億円）

年	合計	アジア	中国	香港	台湾	韓国	北米	欧州
2014	-444	5,415	3,204	652	2,421	-181	-5,224	-981
2015	10,902	15,347	8,744	1,698	3,578	1,203	-4,069	-796
2016	13,266	15,983	8,671	2,014	3,292	2,094	-3,355	199
2017	12,752	14,732	7,484	1,843	2,623	2,560	-2,550	74

資料：表1-1に同じ。
（注）　2017年は9月までの数値である。

　例えば、成田空港の国際定期便について運営している航空会社をみると、2017年の夏ダイヤの場合、韓国との間は週179便中158便が、台湾との間は週155.5便中86便が、中国との間は週237.5便中104.5便が、香港との間は週115便中73便が、米国（ハワイ、グアム、サイパンを除く）との間は214便中110便が、それぞれ外国の航空会社となっている[3]。

　旅行収支を地域別にみると、アジアは2014年の時点で5,415億円の黒字となっており、2017年も9月までで1兆4,732億円の黒字となっている（表1-2）。アジアのなかでは対中国の黒字が飛び抜けて大きく、アジアに対する黒字額の半分程度を占めている。また、対香港や対韓国の黒字額は、中国に及ばないものの、その額は増加傾向にある。

3　国土交通省航空局「国際線就航状況」による。往復で1便と数える。
　（http://www.mlit.go.jp/koku/koku_fr22_000004.html）

北米（ほとんどは米国）との旅行収支は、依然として赤字が続いているものの、赤字の幅は縮小傾向にある。また、欧州との旅行収支は2016年に黒字となっている。2017年も9月までであるが、引き続き黒字となっている。

（2）　観光の経済波及効果

① 観光・旅行サテライト勘定

　一国の経済の規模や状態を把握するために広く使われているのが「国民経済計算」である。景気判断や政策目標の指標としてしばしば使われるGDP成長率も、国民経済計算から算出される。この国民経済計算は、国連が使用を勧告した計算のルールであるSNA（System of National Accounts）に基づいて算出される。しかし、SNAは生産と消費、資産と負債といった国全体の経済活動を包括的にとらえるものであり、そのままでは特定の経済活動について分析したり、政策の立案に使用したりすることが難しい。そこで、1993年のSNA改定から導入されたのが「サテライト勘定」である。サテライト勘定には、環境保護活動、無償労働、非営利活動などがある。「旅行・観光サテライト勘定（TSA:Tourism Satellite Accounts）」もその一つで、日本では観光庁が作成し、公表している。

　TSAによると、日本人と外国人の旅行者による観光消費額の合計である内部観光消費額（日本独自基準、以下同じ）は2006年に30.1兆円に達した後、減少が続き、東日本大震災があった2011年には22.4兆円に落ち込んだ（図1-1）。その後も、内部観光消費額は停滞したが、2015年には25.5兆円と2009年の水準を超えた。

第 1 章◆インバウンド受け入れの意義と動向

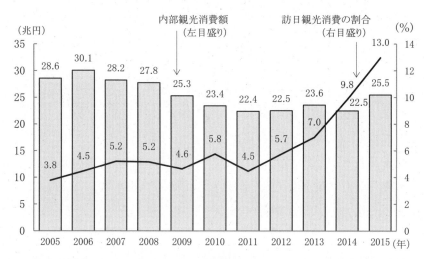

図 1 - 1　内部観光消費額と訪日観光消費割合の推移

資料：観光庁「旅行・観光サテライト勘定」
（注）　内部観光消費額は、UNWTO基準ではなく、日本独自基準の数値である。

　一方、内部観光消費額に占める訪日観光消費、すなわちインバウンドによる消費の割合をみると、2011年に4.5％であったものが、2015年には13.0％にまで上昇している。日本人による観光消費の落ち込みをインバウンドによる観光消費がカバーしているのが、日本の観光市場の現状である。

② 　観光の経済波及効果
　TSAでは観光消費額だけではなく、商品やサービスの種類ごとにどの産業がいくら供給したかも示される。例えば、2015年の内部観光消費額は25.5兆円であるが、これを供給側からみると、観光産業（宿泊業、飲食業、運輸業、スポーツ・娯楽業）が16.4兆円、非観

21

光産業が7.9兆円、輸入が1.1兆円などとなっている。また、産業ごとに中間投入額や雇用者報酬も推計されているので、TSAと産業連関表を組み合わせることによって、観光消費の経済波及効果を試算することができ、観光庁がその結果を公表している。

　観光庁が推計している経済波及効果には、生産波及効果、付加価値効果、雇用効果、税収効果（試算）がある。詳細は観光庁（2017）に委ねるが、簡単に説明すると、生産波及効果は直接効果、第1次間接効果、第2次間接効果から成る。直接効果は、内部観光消費のうち輸入を除いた国内生産分をいう。第1次間接効果は、例えば旅館が小売店から食材を調達するなど、中間投入を通じた生産誘発額である。第2次間接効果は、直接効果と第1次間接効果によって生じる雇用所得が、家計消費の増加を通じてもたらす生産誘発額である。生産誘発額に粗付加価値比率を乗じると付加価値効果が、雇用係数を乗じるとそれぞれ雇用効果が算出される。また、これらの結果に税率を乗じれば税収効果も試算できる。

　図1-2は、観光庁（2017）の推計結果を示したものである。2015年の内部観光消費額25.5兆円に対して、生産波及効果は52.1兆円、付加価値効果は25.8兆円、雇用効果は440万人となっている。それぞれ、2015年のSNAにおける産出額の5.2%、GDPの4.9%、就業者数の6.7%に相当する。2015年の場合、内部観光消費額に占めるインバウンドの割合は13.0%なので、インバウンドによる経済波及効果は、各効果に13.0%を乗じたものになる。

　なお、インバウンドの増加によって内部観光消費がいくらか持ち直している結果、観光消費の経済波及効果も拡大している。例えば、生産波及効果は2011年に46.4兆円まで減少したが、2012年、2013年

図1-2　観光消費の経済波及効果（2015年）

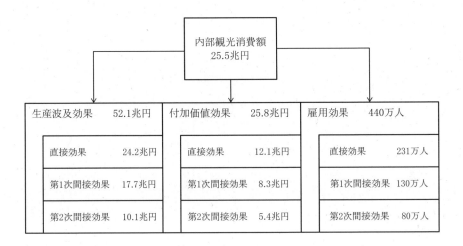

資料：観光庁『旅行・観光産業の経済効果に関する調査研究』（2017年3月）

と、2年続けて、前年を上回った（図1-3）。2014年はいくらか減少したものの、2015年は52.1兆円と2009年の水準近くにまで回復している。

③　地域における経済波及効果

　産業連関表を用いた観光による経済波及効果の分析は、都道府県や政令指定都市などでも行われている。例えば、東京都の「観光客数等実態調査」は、2016年における東京都全体の観光消費額5.7兆円に対し、生産波及効果が11.1兆円、付加価値効果が4.4兆円、雇用効果が89万人と推計している。なお、同調査によると、インバウンドによる観光消費額は東京都全体の19.1％を占めている。

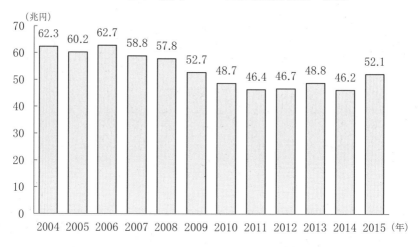

図1-3 観光消費による生産波及効果の推移

資料:図1-2に同じ。

　また、京都市の報道資料[4]によると、2016年の京都市内における観光消費額は1.1兆円で、生産波及効果が1.2兆円、付加価値効果が0.8兆円、雇用効果が13万人となっている。国や東京都の推計結果に比べると、京都市の観光消費による経済波及効果は小さい。その理由としては、日本全体では観光消費額のうち輸入で賄った割合が5.1％であるのに対し[5]、京都市の場合は、観光消費額のうち市外から調達した割合が23.9％と大きいことが挙げられる。ただし、域外からの調達を除いた直接効果に対する生産波及効果の比率をみても

4　京都市産業観光局「観光消費額に係る京都市域への経済波及効果等について」（2017年12月15日）
5　図1-2における内部観光消費額と生産波及効果における直接効果の差1.3兆円が輸入分である。

24

1.42倍と、日本全体の2.15倍（2015年の観光庁の推計）に比べて小さい。京都における観光のスタイルが全国とは何かしら異なることも理由として考えられる。

このように地域によって観光の経済波及効果は異なる。インバウンドに限ったことではないが、観光を地域経済の活性化につなげるのであれば、ただ観光客を誘致するだけではなく、観光で消費する財やサービスを地域内で供給できる体制をつくったり、逆に地域内で供給できるものを観光資源として開発し、売り込んだりすることが必要である。

④　産業連関表では計測されない効果

産業連関表を使った経済波及効果の分析には、いくつかの問題点がある。第1に、使用する産業連関表が古い。例えば、観光庁による2015年の分析や東京都による2016年の分析では2011年の産業連関表が使用されている。日本全体の産業連関表を作成するには、総務省や内閣府など10府省庁の作業が必要であり、手間と時間がかかるため、作成は原則として5年ごととなっている。自治体が産業連関表を作成する場合も同様である。

しかし、5年もあれば新しい企業や事業が誕生し、あるいは撤退して、財やサービスの流れは変わってしまう。特にインバウンドの場合は、インバウンド向けの情報メディアや民泊など数年前には存在していなかった企業やサービスを多数生み出しているだけに、現実の経済波及効果は推計よりも大きいかもしれない。もちろん、インバウンドによって生まれる新たな需要を満たしているのが外国の企業（地域の場合は域外の企業）であれば、インバウンドの経済波及

効果は観光消費の伸びほどには大きくない可能性もある。

第2に、産業連関表を使った分析では、前節で述べたような交通の混雑や、ゴミの増加など観光による公害、民家への侵入など住民と観光客とのトラブル、行政コストの増加といった負の効果は推計されない。こうした社会的費用は、必ずしも貨幣価値に換算できないが、観光の経済効果を考える際には、必ず考慮する必要がある。

第3に、観光消費の増加によって雇用が創出されるとしても、観光に直接関係しない産業にとっては人手不足を深刻にするだけであるかもしれず、雇用全体に対する影響がわからない。日本の生産年齢人口はすでに減少が始まっており、近年は人手不足が深刻になっている。有効求人倍率は2009年の0.47倍を底に上昇を続け、2017年には1.57倍とバブル経済期を上回る水準となっている[6]。いまや雇用機会が増えればよいという状況ではないのである。

創出される雇用の質も問題である。例えば、観光産業である飲食店や宿泊業、運輸業の賃金は他の産業よりも総じて低い。厚生労働省の「賃金構造基本統計調査（2016年）」によると、男性一般労働者の賃金（6月分）は、情報通信業が39.2万円、製造業が31.9万円であるのに対し、宿泊業・飲食サービス業は27.1万円、運輸業・郵便業は28.5万円となっている。インバウンドの増加によって雇用が創出されるとしても、他産業に比べて低賃金の仕事が増えるのであれば、日本の経済・社会にとって好ましいことではない。インバウンドの増加が観光産業における賃金水準の引き上げにつながることが必要である。

6　厚生労働省「一般職業紹介状況」

3 世界のインバウンド

インバウンドの増加は日本だけの現象ではなく、世界的な傾向である。本節ではUNWTO（国連世界観光機関）の統計を使って世界における国際旅行の動向をみていく。

（1） インバウンド数

UNWTOの『World Tourism Highlights 2017』によると、日帰り旅行を除いた世界全体のインバウンド数は、長期的に増加傾向にあり、1990年には4億3,500万人だったものが、2016年には12億3,500万人（速報値）となっている（図1-4）。なお、インバウンドはある国・地域における海外からの旅行者全体を指しており、観光客には限らない。ビジネスを目的とする旅行者であっても観光客と同じように宿泊したり食事をしたりする。空いた時間にレジャーを楽しむこともある。それらも観光消費であり、観光の経済効果を考えるうえでは区別する必要がない。

2016年のインバウンド数を旅行先別にみると、欧州が6億1,620万人と49.9％を占めている。ただ、欧州の割合は1990年には60.1％あったので、世界全体に占める地位は低下している。アメリカ（北・中央・南アメリカとカリブ海地域）のシェアも1990年の21.3％から2016年の16.1％へと低下している。欧州とアメリカに代わってシェアを拡大しているのはアジア・太平洋で、1990年には12.9％だったものが、2016年には25.0％と倍増している。インバウンド数自体も、同期間に5,590万人から3億840万人と5.5倍に伸びている。アジア・

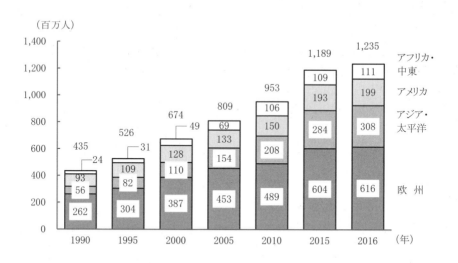

図1-4　世界のインバウンド数の推移

資料：UNWTO *World Tourism Highlights 2017*
(注) 1　日帰り旅行は含まない。
　　 2　アメリカは、国ではなく北・中央・南アメリカとカリブ海地域のことである。
　　 3　2016年は速報値。

太平洋地域は、急速に発展している国が多いだけに、今後もインバウンド数は増加すると予想されている。

　地域ごとにインバウンド数が多い国をみると、欧州ではフランスが8,260万人で最も多く、スペイン、イタリアが続いている（表1-3）。フランスは世界全体でみてもインバウンド数が最も多い。アジア・太平洋では中国が5,927万人で最も多く、タイ、マレーシアと続いている。日本は近年順位を上げ、2,404万人で香港に次ぐまでになっている。アメリカは米国が7,561万人で最も多く、メキシコ、カナダ

第1章◆インバウンド受け入れの意義と動向

表1-3　地域別インバウンド数上位5カ国・地域（2016年、速報値）

（単位：万人）

欧　州		アジア・太平洋		アメリカ		アフリカ・中東	
フランス	8,260	中　国	5,927	米　国	7,561	サウジアラビア	1,805
スペイン	7,556	タ　イ	3,259	メキシコ	3,496	UAE	1,491
イタリア	5,237	マレーシア	2,676	カナダ	1,997	モロッコ	1,033
英　国	3,581	香　港	2,655	ブラジル	658	南アフリカ	1,004
ドイツ	3,558	日　本	2,404	ドミニカ共和国	596	チュニジア	572

資料：図1-4に同じ。

と続いている。米国は世界全体でもフランスに次いでインバウンド
数が2番目に多い。アフリカ・中東はサウジアラビアが1,805万人
で最も多く、UAE（アラブ首長国連邦）、モロッコが続く。

　なお、2015年のデータになるが、日帰り旅行を含めたインバウン
ド数をみると、フランスは2億330万人、中国は1億3,382万人、
米国は1億5,625万人となる（UNWTO、2017）。

（2）　インバウンドによる観光消費

　インバウンドによる観光消費（収入）額（日帰り旅行を含む）を
みると、世界全体では1990年の2,636億米ドルから2016年の1兆
2,196億米ドルへと4.2倍に増加している（図1-5）。

　地域別に2016年の観光消費額をみると、欧州が4,473億米ドルで
最も多いが、全体に占める割合は36.7％で、インバウンド数に占め
る割合に比べると13.2ポイント少ない。欧州に次ぐのはアジア・太
平洋で、観光消費額は3,667億米ドル、全体に占める割合は30.1％
となっており、インバウンド数における割合よりも5.1ポイント多

29

図1-5 世界のインバウンドによる観光消費額の推移

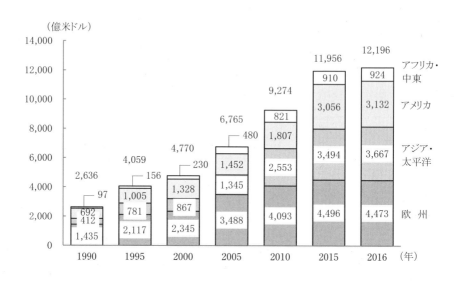

資料：UNWTO *World Tourism Highlights*（各年）
（注） 2016年は速報値。

い。アメリカの観光消費額は3,132億米ドル、全体に占める割合は25.7％で、インバウンド数に占める割合よりも9.6ポイント多い。つまり欧州へのインバウンドは、アジア・太平洋やアメリカへのインバウンドに比べてお金を使わない傾向がある。

地域ごとにインバウンドによる観光消費額の多い国をみると、欧州ではスペインが603億米ドルで最も多く、フランス、イタリアが続いている（表1-4）。アジア・太平洋ではタイが499億米ドルで最も多く、中国、香港が続く。アメリカでは米国が2,059億米ドルと地域全体の72.8％を占めている。世界全体でみても、米国における

第1章◆インバウンド受け入れの意義と動向

表1-4　インバウンドによる観光消費額上位５カ国・地域
（地域別、2016年、速報値）

（単位：億米ドル）

欧　州		アジア・太平洋		アメリカ		アフリカ・中東	
スペイン	603	タ　イ	499	米　国	2,059	UAE	195
フランス	425	中　国	444	メキシコ	196	サウジアラビア	111
イタリア	402	香　港	329	カナダ	182	南アフリカ	79
英　国	396	オーストラリア	324	ドミニカ共和国	67	レバノン	68
ドイツ	374	日　本	307	ブラジル	60	モロッコ	65

資料：図1-4に同じ。

インバウンドの観光消費額は飛び抜けて多い。

　国別にみたとき、インバウンド数と観光消費額とは必ずしも比例していない。それは国によってインバウンドの旅行スタイルや観光産業の組織や構造が異なるからだと思われる。

　例えば、宿泊を伴う旅行客[7]の滞在日数をみると、2015年の平均でフランスが2.6泊、スペインが8.0泊となっている（UNWTO、2017）。一般に、滞在日数が長くなればインバウンドが消費する金額も多くなるので、インバウンド数ではフランスを下回るスペインが観光消費額ではフランスを上回ることになる。また、中国におけるインバウンドの滞在日数は2013年の平均で2.7泊、タイの滞在日数は2015年の平均で9.5泊である。タイのインバウンド数は中国の半分ほどしかないが、インバウンドの滞在日数は中国の３倍を超えるため、観光消費額ではタイが中国を上回るのである。

7　ホテルや旅館など商業的な施設への宿泊に限る。企業の研修施設や親族の家に泊まるといったケースは含まない。

31

もっとも、滞在日数だけで観光消費額が決まるわけではない。例えば、メキシコにおけるインバウンドの滞在日数は2015年の平均で10.3泊と、タイの9.5泊を上回る。インバウンドの数もメキシコはタイを上回っているが、観光消費額はタイの４割ほどにすぎない。物価水準や対ドル為替レートが異なるので単純には比較できないが、メキシコでの旅行や観光はタイに比べて安くすむのだろう。

　国別の観光消費額で注目すべきは、やはり米国である。他国に比べて観光消費額が一桁多い。そこで米国のTSA（旅行・観光サテライト勘定）をみると、インバウンド（非居住者）による2015年の観光消費額は1,984億米ドルとなっている。消費の内訳をみると、金額が多い順に買い物（490億米ドル）、宿泊（447億米ドル）、国際線の航空旅客運賃（405億米ドル）、飲食サービス（319億米ドル）、ギャンブル（175億ドル）となっており、この５項目でインバウンドによる観光消費額の92.6％を占める。なお、宿泊を伴うインバウンドの平均滞在日数は9.9泊である（UNWTO、2017）。

　比較のために日本のTSAをみると、2015年の場合で、インバウンドによる観光消費額は3.3兆円である。内訳は、金額が多い順に、観光関連商品（1.3兆円）、宿泊サービス（7,800億円）、飲食サービス（5,580億円）、航空旅客輸送サービス（3,010億円）、鉄道旅客輸送サービス（2,170億円）となっている。また、インバウンドの平均滞在日数は5.8泊である（UNWTO、2017）。

　米国は日本に比べると、インバウンドの数が多いうえに、平均の滞在日数も長く、それだけ観光消費額も多くなる。また、米国は日本とは異なり、観光消費額に占める国際線の航空運賃収入とギャンブルの比率が大きい。それぞれ、米国の航空会社は日本と違って他

32

国との間に多くの国際便を運航し、海外から旅行客を運んでいること、ラスベガスなど世界的に集客力があるカジノを抱えていることが理由である。ただし、インバウンドによる観光消費に占めるギャンブルの割合は8.8％にすぎず、米国のインバウンド観光がカジノに支えられているというわけではない。日本では2016年12月に「特定複合観光施設区域の整備の推進に関する法律」が成立し、カジノを含む統合型リゾートの建設が可能になったが、米国以外にも多くの国にカジノがあるなかで、どの程度インバウンドを集客できるかは不明である。

（3） インバウンドの出発地

　世界のインバウンド数は毎年増加しているが、そのインバウンドはどこから来ているのだろうか。表1-5は、インバウンドによる観光消費額が上位の国・地域について、インバウンドの出発地をみたものである。この表から明らかなように、インバウンドの大半は同一地域内の旅行者である。すなわち、スペインのインバウンドの9割は同じ欧州からの旅行者であるし、中国や香港、メキシコのインバウンドも9割は同じ地域からの旅行者である。

　ただし、米国は地域内からのインバウンドの割合が61.1％と少なく、欧州が21.1％、アジア・太平洋が16.2％と地域外からも多くのインバウンドを集めている。米国は観光地というだけではなく、世界的なビジネスの拠点であり、国連など国際機関も多く立地している。そのため、さまざまな目的をもった旅行者が訪れる。

　また、タイのインバウンドも地域内の割合が74.8％と少なく、欧州の割合が18.8％と多い。その背景には、タイが観光資源に恵まれ

表1-5　主な国・地域のインバウンドの出発地（2015年）

（単位：％、インバウンド数は千人）

	欧　州	アジア・太平洋	アメリカ	アフリカ・中東	インバウンド数
スペイン	90.0	3.6	5.1	1.3	68,215
フランス	79.4	7.3	8.4	4.9	84,452
イタリア	84.2	4.3	10.3	1.2	50,732
タ　イ	18.8	74.8	3.9	2.5	29,923
中　国	3.9	93.4	2.3	0.4	133,820
香　港	3.2	93.4	2.9	0.4	59,308
日　本	6.5	86.2	7.0	0.2	19,737
米　国	21.1	16.2	61.1	1.6	77,510
メキシコ	5.2	0.5	92.5	0.1	32,093
カナダ	14.1	10.7	73.9	1.2	17,971
南アフリカ	15.2	4.2	4.5	76.0	8,904

資料：UNWTO　*Compendium of Tourism Statistics Data 2011-2015 2017 Edition*
（注）1　中国、香港はすべての旅行者。ほかは宿泊を伴う旅行者。
　　　2　サウジアラビアとUAEはデータがない。
　　　3　網掛けは、同一地域内であることを示す。

ているというだけではなく、1960年に観光庁を設置するなど、アジアのなかでは早くから観光産業の育成に力を入れてきたこと、その結果として長期滞在型のリゾートなど欧州の旅行者が好む観光のスタイルを築いてきたことがある。

（4）　世界のアウトバウンド

　インバウンドはある国が受け入れた外国人旅行者であるが、逆にある国が海外に送り出した旅行者をアウトバウンドという。インバ

第1章◆インバウンド受け入れの意義と動向

表1−6　アウトバウンド数の上位10カ国の人口比（2015年）

（単位：万人、人口比は％）

国　名	アウトバウンド数(A)	人口(B)	人口比A/B	(参考)インバウンド数
中　　国	11,689	139,703	8.4	5,689
ド イ ツ	8,301	8,171	101.6	3,497
米　　国	7,345	31,993	23.0	7,751
英　　国	6,417	6,540	98.1	3,444
ロ シ ア	3,455	14,389	24.0	3,206
カ ナ ダ	3,227	3,595	89.8	1,797
イ タ リ ア	2,904	5,950	48.8	5,073
フ ラ ン ス	2,665	6,446	41.3	8,445
ウクライナ	2,314	4,466	51.8	1,243
サウジアラビア	2,082	3,156	66.0	1,799
日　　本	1,621	12,797	12.7	1,974

資料：UNWTO　*Compendium of Tourism Statistics Data 2011-2015 2017 Edition*、国際連合　*World Population Prospects : The 2017 Revision*
（注）1　中国は日帰り旅行は含まない。
　　　2　ドイツはインバウンド数、人口ともに2014年の数値。

ウンドの増加は、アウトバウンドが増加した結果である。そこで、国別にアウトバウンド数をみると、2015年の場合、中国が1億1,689万人で最も多く、以下ドイツ、米国、英国、ロシアと欧米諸国が続いている（表1-6）。

　世界の旅行者のおよそ1割が中国人ということになるが、人口比をみると、中国はわずか8.4％にすぎない。今後、中国の経済成長に伴って国民の所得水準が上昇したり、中国企業のグローバル化が進んだりすれば、中国人のアウトバウンドはさらに増える。中国の習近

35

平国家主席は2017年のダボス会議における基調講演で、「今後、5年間に海外旅行者が7億人に達する」と述べている[8]。7億人を達成するには人口の半数に相当する人が海外旅行をしなければならないので2022年までに実現することは難しいだろう。ただ、人口の2割が海外旅行をしたとしても中国のアウトバウンド数は2億8,000万人にもなる。世界の旅行市場は中国が牽引することになろう。

また、米国とロシアのアウトバウンド数も、人口比ではそれぞれ23.0％、24.0％と少ない。両国は人口規模も大きく、中国ほどではないにしても伸び代が大きいといえるかもしれない。逆に、人口に比べたアウトバウンド数が多いのはドイツと英国で、どちらもすべての国民が年に1度は海外に旅行している計算になる。伸び代はあまりないが、世界の旅行市場では無視できないシェアをもつ。

なお、日帰り旅行を含む数値であるが、香港のアウトバウンド数は2015年で8,908万人となっている。中国への日帰り旅行者がかなり多いと思われるが、3分の1が宿泊を伴う旅行者だとしても、その人数は3,000万人近くになり、人口比では4倍ほどになる。香港人は世界で最も旅行好きな人たちといえるかもしれない。

ちなみに、日本のアウトバウンド数は1,621万人であるが、人口比は12.7％であり、中国をいくらか上回る程度にすぎない。日本からのアウトバウンドが増えれば、日本と海外とを結ぶ空や海の便も増え、インバウンドが来日しやすくなる。インバウンドを誘致するために、また観光の目的とされる相互理解を深めるためにも、日本

---

8 中国日本大使館のサイトを参照。
（http://www.china-embassy.or.jp/jpn/zgyw/t1437453.htm）

第1章◆インバウンド受け入れの意義と動向

図1-6　アウトバウンド旅行支出額上位10カ国・地域（2016年）

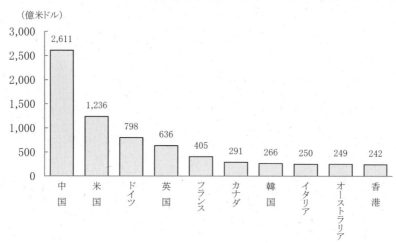

資料：図1-4に同じ。

人の海外旅行を増やすことが望ましい。

　次に、2016年のアウトバウンドによる旅行支出額をみると、人数が多いだけに中国が最も多く、2,611億米ドルとなっている（図1-6）。これは米国の2.1倍、ドイツの3.3倍に上る。日本では中国人旅行者による爆買いが話題になったが、国際的な旅行市場における中国のウエートがいかに大きいかがわかる。また、香港も242億米ドルで10位に着けている。中国と香港は世界の旅行・観光産業の将来を左右するだけの影響力をもっている。

　中国と香港のほかに、韓国やオーストラリアも、旅行支出額の10位までに入っている。日本と同じアジア・太平洋地域にある国と地域が4カ所もトップ10に入っているということは、日本のインバウンド市場がさらに成長する可能性があることを示している。

37

4 日本のインバウンド

　前節までは、日本のインバウンドが増加していることを公知の事実として扱い、具体的なデータは示してこなかった。そこで、本節では、官公庁の統計と調査結果を基にして、日本のインバウンドについて詳細にみていく。なお、特に断らないかぎり、使用している調査は、観光庁の「訪日外国人消費動向調査」である。

（1）　インバウンド数の動向

　日本政府観光局（JNTO）によると、インバウンド（訪日外客）数は、東日本大震災があった2011年にいったん減少したものの、その後は毎年増加し、2017年には2,869万人となっている。

　日本のインバウンド数は、一般にはJNTOの推計値が用いられている。ただし、JNTOが定義するインバウンドは、外国人正規入国者から、日本を主たる居住地とする永住者や定住者などを除き、一時上陸客等を加えた外国人旅行者のことである。就労や技能実習、留学など日本で長期に生活する外国人も含まれており、UNWTOが定義する旅行者とは異なる[9]。

　そこで、ここでは法務省の「出入国管理統計」により、短期滞在（90日以内）の資格で入国した外国人の数をみてみよう。短期滞在には、観光はもちろん、出張や研修、会議やイベントなど多様な目

9　UNWTOの*Methodological Notes to the Tourism Statistics Database*によると、1年以上の滞在や、訪問先の企業に雇用される場合は旅行者としない。

図1-7　国籍・地域別外国人入国者（短期滞在）数の推移

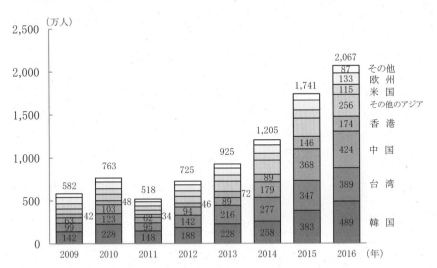

資料：法務省「出入国管理統計」

的で入国した人が含まれるが、日本で暮らす外国人は含まれない。図1-7に示すとおり、短期滞在の外国人の入国者数は2011年に減少したものの、その後は順調に増加し、2016年には2,067万人となっている（JNTOによる訪日外客数は2,404万人）。

　2016年の入国者数を国籍・地域別にみると、韓国、中国、台湾、香港の順に多くなっている。これら四つの国と地域が入国者数全体に占める割合は2009年には59.4％であったが、2016年には71.4％にまで増加している。主に中国からの入国者数が増えた結果である。対象をアジアにまで広げれば、その2016年のシェアは入国者数全体の83.8％になる。

　中国をはじめ、アジアからのインバウンドが増加している理由は

大きく四つある。第1にビザの緩和である。中国について例を挙げると、まず2009年に「十分な経済力がある者」とその家族を対象に個人観光ビザを発給するようになった。2011年には、観光ビザの発給要件を「一定の経済力を有する者」に緩和した。さらに、2015年には商用目的の人や高所得者向けに数次ビザを発給するようになった。タイやマレーシアなど、アジア諸国についても、数次ビザの発給を始めたり、タイとマレーシア、インドネシアの旅行者に対してIC旅券の場合はビザを免除したりする措置をとってきた。

　第2に、LCC（Low Cost Carrier:格安航空会社）をはじめとする航空便の増加である。国土交通省航空局の「国際線就航状況」によると、国際線定期便（直行便）の数は、2014年冬ダイヤでは週3,782便であったが、2017年夏のダイヤでは週4,730便に増加している。この間、国際定期便は週に948便増えているが、そのうち651.5便、68.7％がLCC[10]によるものである。LCCの行き先をみると、オーストラリアやグアムもあるが、ほとんどが中国や台湾、香港などアジアの都市である。

　しかし、ビザの緩和やLCCの増加は、訪日を容易にしただけであり、それだけでインバウンドが増えるわけではない。そもそも日本に興味をもつ人がいなければ、訪日環境を整備したところでインバウンドが増えることはないからである。そこで第3の理由として挙げられるのが、政府のビジット・ジャパン事業に代表される訪日プロモーションである。

　具体的には、海外のテレビや新聞などマスメディアを使った広告

---

10 自社のウェブサイトでLCCと称している航空会社をLCCとした。

宣伝、旅行博への出展、海外のメディアや旅行会社の招請、各種日本フェアの開催などである。これらのプロモーションは、国が単独で行うものもあれば地方自治体や企業と協力して行うものもある。海外の旅行博では自治体と企業が共同で出展することも多い。

第4に、訪日プロモーション以上に日本への関心を高めるうえで効果があると思われるのは、日本のポップカルチャー（大衆文化）である。リオデジャネイロ五輪の閉会式で、安倍首相が「スーパーマリオ」の装いで登場したことからわかるように、日本のゲームやアニメ、マンガはいまや世界中で消費されている。アニメやマンガのキャラクターになりきるコスプレは、そのまま英語やフランス語として通用するほどである。日本のドラマや映画もアジアを中心に多くの国で放送・上映されており、作品の舞台となった地方都市が人気の観光地になることも珍しくない。

日本のファッションもアジアを中心に人気がある。日本のファッション誌は海外でも人気があり、中国版や台湾版が発行されていたり、日本語版が個人輸入されていたりする。東京の原宿には「Kawaii」を求めて多くの外国人が訪れ、ロリータファッションに身を包んだイスラム教徒の女性も見受けられる。

こうしたポップカルチャーは、テレビを観たりゲームをしたりといった日常生活を通して、日本への関心を自然に醸成していく。観光資源というと、伝統的な文化や景勝地に目が向きやすいが、実際は日本の「いま」こそが、インバウンド、なかでもアジアの人たちや若い世代にアピールすると思われる。

表1-7　港別外国人入国者数（上位10港）の推移

（単位：万人）

2013年		2014年		2015年		2016年	
成　　田	426	成　　田	493	成　　田	612	成　　田	682
関　　西	232	関　　西	317	関　　西	501	関　　西	609
羽　　田	129	羽　　田	175	羽　　田	249	羽　　田	326
福　　岡	69	福　　岡	88	福　　岡	139	福　　岡	163
中　　部	57	中　　部	70	那　　覇	108	那　　覇	135
新千歳	51	新千歳	66	中　　部	101	中　　部	122
那　　覇	37	那　　覇	65	新千歳	95	新千歳	115
博　多*	20	博　多*	19	博　多*	18	比田勝*	18
比田勝*	10	比田勝*	12	富士山静岡	17	博　多*	16
石　　垣	8	石　　垣	8	比田勝*	14	富士山静岡	11
合　　計	1,126	合　　計	1,415	合　　計	1,969	合　　計	2,322

資料：図1-7に同じ。
（注）　*は海港である。

（2）　インバウンドの入国港

　日本は四方を海に囲まれているので、当然ながらインバウンドは
飛行機か船で訪れることになる。日本には多くの空港と海港がある
が、インバウンドが利用する港はごく一部に偏っている。法務省の
「出入国管理統計」により、港別の外国人入国者数（短期滞在以外
を含む）をみると、最も入国者数が多いのは成田空港で、2016年に
は682万人を数えた（表1-7）。ただし、成田空港のシェアは2013年
の37.9％から2016年の29.4％へと減少している。成田空港に代
わってシェアを大きく増やしているのが関西空港である。関西空港
の外国人入国者数は2013年には232万人であったが、2016年には
609万人まで増え、シェアも20.6％から26.2％に増加した。3番目
に入国者数が多いのは羽田空港で2016年のシェアは14.1％になる。

第1章◆インバウンド受け入れの意義と動向

表1-8　成田、羽田、関西の各空港における国際定期便の内訳

(単位：便/週、%)

	定期便数	定期便のうち LCC	定期便のうち アジア
成田空港	1,612.5	261.5 (16.2)	1,038 (64.4)
羽田空港	758	50.5 (6.7)	552 (72.8)
関西空港	1,113.5	371.5 (33.4)	1,013.5 (91.0)

資料：国土交通省航空局「国際線就航状況」
(注) 1　2017年夏ダイヤである。
　　　 2　（　）内は定期便数に占める割合である。

これら3空港のシェアを合計すると69.7%にもなる。

　入国者数が3空港に偏っている理由としては、そもそも国際航空線の定期便がこれら3空港に集中していることが挙げられる。国土交通省航空局の「国際線就航状況」によると、2017年夏ダイヤの場合、週4,730便のうち73.7%、3,484便が3空港に就航している。

　ただし、定期便の内容は空港によって異なる。2017年夏ダイヤの場合、成田空港の定期便は週に1,612.5便であったが、そのうちLCCは16.2%、アジア行きは64.4%であった（表1-8）。同様に羽田空港の定期便をみると、LCCは6.7%、アジア行きは72.8%であった。一方、関西空港は、週1,113.5便のうちLCCが33.4%、アジア行きが91.0%を占めている。空港着陸料を値下げしたり、専用のターミナルを設置したりと、関西空港がLCCの誘致に熱心に取り組んできた結果である。その半面、欧米からのインバウンドの多くが成田

43

図1-8 行き先別国際チャーター便数の推移

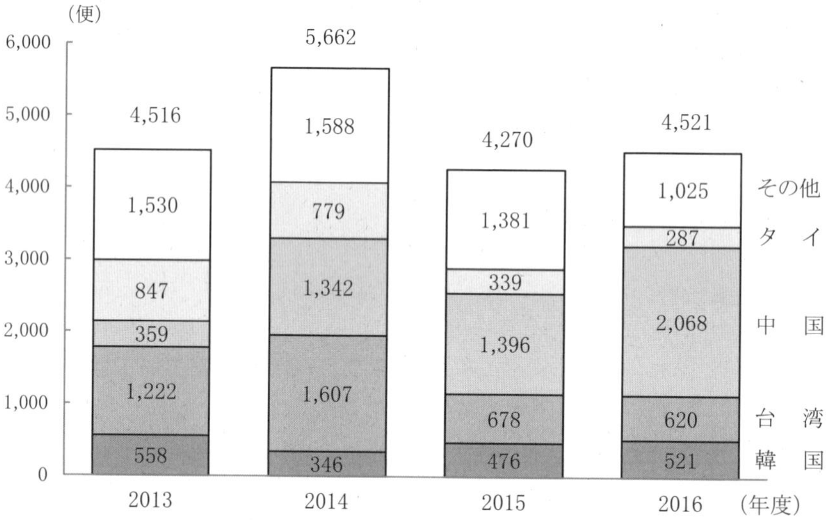

（便）

年度	その他	タイ	中国	台湾	韓国	合計
2013	1,530	847	359	1,222	558	4,516
2014	1,588	779	1,342	1,607	346	5,662
2015	1,381	339	1,396	678	476	4,270
2016	1,025	287	2,068	620	521	4,521

資料：表1-8に同じ。

空港を利用している状況は変わっていない。

　国際航空線には定期便だけではなく、チャーター便もある。ただし、チャーター便の数は定期便に比べてとても少なく、2016年度の1年間で4,521便にすぎない（図1-8）。チャーター便の行き先をみると、2016年度の場合、中国が2,068便で最も多く、台湾、韓国、タイと続いている。図1-8で「その他」になっている国・地域には、2016年度の場合、ロシア、グアム、ハワイ、サイパン行きが5割弱あるが、ほかはアジア諸国である。チャーター便数は年ごとの変動が大きく、例えば2013年度に847便あったタイ行きは2015年度には339便に減少し、2016年度も287便にとどまっている。2016年度は2,000便を超えた中国行きも、2015年度は1,396便だった。

第1章◆インバウンド受け入れの意義と動向

表1-9　国際チャーター便数上位10空港の推移

(単位：便)

2013年度		2014年度		2015年度		2016年度	
成　　田	1,449	成　　田	1,483	成　　田	1,089	成　　田	1,437
関　　西	441	関　　西	633	新千歳	467	羽　　田	866
佐　　賀	314	那　　覇	599	羽　　田	364	新千歳	357
那　　覇	260	新千歳	520	関　　西	357	関　　西	354
新千歳	252	静　　岡	500	那　　覇	215	北九州	247
新石垣	157	熊　　本	200	静　　岡	176	中　　部	164
熊　　本	127	福　　岡	175	熊　　本	176	青　　森	157
北九州	103	中　　部	155	福　　岡	162	新　　潟	154
福　　岡	94	佐　　賀	128	北九州	138	大　　分	129
中　　部	92	羽　　田	110	宮　　崎	120	秋　　田	86
合　　計	4,518	合　　計	5,662	合　　計	4,270	合　　計	4,521

資料：表1-8に同じ。

　国際チャーター便の就航が多い空港をみると、毎年成田空港が最も多く、2016年度は1,437便でチャーター便全体の31.8％を占めていた（表1-9）。2位以下は、毎年のように変動がある。例えば、定期便では成田空港に迫る関西空港は、2014年度に633便あったが、2016年度には354便に減少している。また、佐賀空港は2013年度には314便あったが、2016年度には8便と大きく減少している。静岡空港は2013年度の13便から2014年度の500便へ急増したものの、2015年度は176便と減少し、2016年度には10便と以前の水準にまで戻っている。

　関西空港の場合は定期便が増えているためチャーター便が減ったといえるかもしれないが、地方空港の場合は、空港の着陸料を大幅に下げて、いったんはチャーター便が増加するものの定着せず、優遇期間が終わると元の状態に戻ってしまうことが多いようである。インバウンドが急増しても地域の企業は対応しきれないし、対応で

45

きるようになった頃にはインバウンドが減少しているというのでは企業は投資を回収できない。インバウンドの増加は持続可能なものでなければ地域経済には貢献しないのである。

（3） インバウンドの訪問先

① インバウンド全体

　インバウンドが日本に入国後、どの都道府県を訪れているのかをみると、東京都が最も多いほか、関西空港がある大阪府、成田空港がある千葉県、日本を代表する観光地である京都府が上位を占めている（表1-10）。東京、京都、大阪を巡る観光ルートは、旅行業界ではゴールデンルートと呼ばれているが、インバウンドに人気のある訪問先であることは依然として変わらない。

　一方、ゴールデンルート以外の訪問率をみると、神奈川県の訪問率が毎年低下しているのに対し、沖縄県の訪問率は近年上昇している。沖縄県は、主要なインバウンド市場である韓国、台湾、中国、香港に近いという立地を生かしていると考えられる。また、北海道の訪問率は毎年7～8％で安定して推移している。北海道は、日本のなかでも独自の気候・風土があり、インバウンドにとって他の都府県にはない魅力があるのだろう。

② 国・地域別にみた訪問先

　インバウンドの訪問先は、国・地域によって傾向が異なる。ただし、すべての国・地域について言及することはできないので、主要なインバウンド市場である、韓国、台湾、中国、香港、米国と、海

第1章◆インバウンド受け入れの意義と動向

表1-10 都道府県訪問率の推移（複数回答、上位10都道府県）

（単位：%）

2014年		2015年		2016年		2017年	
東京都	51.4	東京都	52.1	東京都	48.2	東京都	46.2
大阪府	27.9	千葉県	44.4	千葉県	39.7	大阪府	38.7
京都府	21.9	大阪府	36.3	大阪府	39.1	千葉県	36.0
神奈川県	12.3	京都府	24.4	京都府	27.5	京都府	25.9
千葉県	11.7	神奈川県	11.3	福岡県	9.9	福岡県	9.8
愛知県	9.2	愛知県	9.8	神奈川県	9.6	愛知県	8.9
福岡県	8.9	福岡県	9.5	愛知県	9.5	神奈川県	8.5
北海道	7.8	北海道	8.1	北海道	7.8	北海道	7.7
兵庫県	6.2	兵庫県	6.5	奈良県	6.9	沖縄県	7.3
奈良県	4.9	山梨県	6.3	沖縄県	6.7	奈良県	7.3

資料：観光庁「訪日外国人消費動向調査」
（注） 2015年から入出国港の所在地も訪問先として数えるようになった。

外旅行する国民が多い英国とドイツについてみていく。

　まず、韓国からのインバウンドは、東京都の訪問率が21.4％と低く、福岡県の23.5％をはじめ、九州の訪問率が高いのが特徴である（表1-11）。福岡空港は韓国との定期便が週185便あり、LCCも多い（2017年夏ダイヤ。以下同じ）。北九州空港も韓国との定期便が週10便ある。沖縄県の那覇空港と韓国との間も週55便の定期便が就航しており、他の九州各県と韓国の間にも週に数便ではあるが、定期便が就航している。また、韓国の釜山港と福岡県の博多港、長崎県対馬の比田勝港との間には高速船の定期航路もある。韓国からのインバウンドにとって九州はきわめてアクセスが良い。

　一方、台湾と香港からのインバウンドは、全体の傾向に似ていてゴールデンルートの訪問率が比較的高い。また、韓国や中国に比べ

47

表 1-11　国・地域別都道府県訪問率（複数回答、上位10都道府県、2017年）

(単位：%)

韓　国		台　湾		中　国		香　港	
大阪府	33.8	東京都	32.6	東京都	57.3	大阪府	33.2
福岡県	23.5	大阪府	30.7	大阪府	54.7	東京都	32.7
東京都	21.4	千葉県	29.8	千葉県	37.8	千葉県	27.3
京都府	17.1	京都府	19.0	京都府	35.0	京都府	17.7
千葉県	14.0	北海道	11.0	愛知県	18.5	沖縄県	12.9
大分県	10.6	沖縄県	10.9	奈良県	13.3	福岡県	9.6
沖縄県	9.5	兵庫県	7.6	神奈川県	11.8	北海道	9.3
北海道	6.8	福岡県	7.3	山梨県	11.7	愛知県	7.1
兵庫県	5.5	奈良県	6.8	静岡県	10.9	兵庫県	5.7
長崎県	4.0	愛知県	6.6	北海道	6.9	大分県	5.3

米　国		英　国		ドイツ	
東京都	76.6	東京都	94.5	東京都	82.0
千葉県	70.9	千葉県	61.5	千葉県	43.5
京都府	31.4	京都府	32.3	大阪府	31.9
大阪府	26.1	神奈川県	21.8	京都府	30.7
神奈川県	17.2	大阪府	18.4	神奈川県	15.1
広島県	8.0	広島県	15.2	広島県	14.6
愛知県	5.9	長野県	7.2	愛知県	10.9
奈良県	4.9	石川県	6.2	長野県	6.8
北海道	4.6	北海道	4.9	奈良県	6.2
兵庫県	4.3	山梨県	4.7	兵庫県	5.3

資料：表1-10に同じ。

ると北海道と沖縄県の訪問率がやや高い。北海道の自然は、台湾や香港と大きく異なること、沖縄県はLCCの定期便が就航していて、距離も近いことが理由として考えられる。

　近年、インバウンド数が大きく増加した中国は、韓国や台湾、香港に比べて、ゴールデンルートの訪問率が高い。特に大阪府の訪問

率が54.7％と高く、関西空港から入国する中国人が多いことを表している。また、中部空港がある愛知県、富士山がある山梨県と静岡県の訪問率も高い。

米国、英国、ドイツもゴールデンルートの訪問率が高く、特に東京都の訪問率は飛び抜けて高い。アジア諸国との大きな違いとしては広島県の訪問率が高いことが挙げられる。広島県は世界初の被爆地であることが要因であろう。ちなみに、広島県はアジアの人たちにとっては魅力ある訪問地ではないようで、訪問率は韓国が0.6％、台湾が1.3％、中国が0.9％、香港が2.7％となっている。

また、英国は石川県や長野県、ドイツも長野県の訪問率が比較的高い。石川県の金沢市には、日本に独特な建物や町並みがある。長野県にはニホンザルが温泉につかる地獄谷野猿公苑がある。海外旅行の経験が豊富な人が多い英国やドイツのインバウンドには、日本ならではの体験を求めてやってくる人が少なくないと考えられる。

③　訪日回数別

訪問先は日本への旅行回数によっても異なる。まず、インバウンド全体について訪日回数の分布をみると、1回目の割合は毎年4割前後を占めており、2017年では38.6％となっている（図1-9）。なお、訪日回数が多い場合は、ビジネスや家族訪問など、観光以外の目的で来日している人が少なくない。観光・レジャー目的で来日した人に限ると、2017年の場合、初回の割合は42.3％で、逆に5回目以上の割合は21.2％になる。

次に、訪日回数別に都道府県訪問率をみると、どの回数でも東京都が最も多くなっている（表1-12）。ただし、1回目に比べると2回

図1-9 インバウンドの訪日回数別構成比の推移

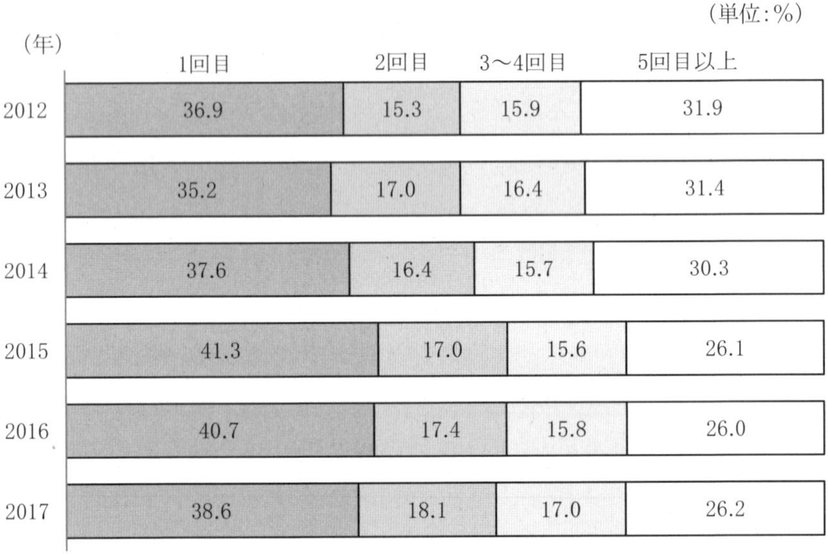

（単位：％）

（年）	1回目	2回目	3～4回目	5回目以上
2012	36.9	15.3	15.9	31.9
2013	35.2	17.0	16.4	31.4
2014	37.6	16.4	15.7	30.3
2015	41.3	17.0	15.6	26.1
2016	40.7	17.4	15.8	26.0
2017	38.6	18.1	17.0	26.2

資料：表1-10に同じ。

表1-12　訪日回数別都道府県訪問率（複数回答、2017年）

（単位：％）

1回目		2回目		3～4回目		5回目以上	
東京都	52.5	東京都	37.6	東京都	37.2	東京都	42.0
大阪府	48.0	大阪府	35.3	千葉県	30.7	千葉県	30.6
千葉県	42.1	千葉県	31.8	大阪府	28.4	大阪府	24.9
京都府	37.6	京都府	22.9	京都府	16.9	福岡県	15.2
神奈川県	10.1	福岡県	13.0	福岡県	14.9	京都府	11.4

資料：表1-10に同じ。

第1章◆インバウンド受け入れの意義と動向

表1-13 各訪日回数別構成比が多い上位10都道府県（複数回答、2017年）

（単位：%）

1回目		2回目		3〜4回目		5回目以上	
山梨県	65.0	沖縄県	25.8	沖縄県	23.5	秋田県	46.3
広島県	60.1	大分県	24.1	大分県	22.5	鳥取県	37.8
奈良県	59.5	北海道	21.8	北海道	22.2	沖縄県	19.2
京都府	59.5	島根県	21.5	島根県	10.0	山口県	40.5
静岡県	59.5	長崎県	20.9	長崎県	21.5	熊本県	32.0
石川県	53.7	兵庫県	20.7	兵庫県	16.2	大分県	22.7
和歌山県	51.8	熊本県	20.4	熊本県	22.5	北海道	25.8
大阪府	51.4	福岡県	20.3	福岡県	21.3	宮城県	37.8
岐阜県	50.1	滋賀県	20.1	滋賀県	17.9	長崎県	26.9
神奈川県	48.6	大阪府	18.0	大阪府	13.3	山形県	43.3

資料：表1-10に同じ。

目以上の人の訪問率は低下している。1回目に比べて訪問率が低下するのは、大阪府や京都府も同じであるが、両府の場合は低下の度合が大きい。大阪府は、初回の人の訪問率は48.0％と東京都を4.5ポイント下回るだけであるが、2回目の人の訪問率は35.3％、3〜4回目の人の訪問率は28.4％、5回目以上の人の訪問率は24.9％にまで低下する。京都府も同様であり、1回目の人の訪問率は37.6％あるが、5回目以上の人の訪問率は11.4％しかない。逆に、福岡県は訪日回数が多くなるほど訪問率が高くなり、5回目以上の人では15.2％と京都府を上回る。

視点を変えて訪日回数と都道府県訪問率との関係をみてみよう。表1-13は、都道府県ごとに訪日回数別の構成比を算出し、訪日回数ごとに構成比が多い順に並べたものである。つまり、初回の人の割

51

合が最も多いのは山梨県で、広島県、奈良県と続く。また、2回目の人の割合が最も多いのは沖縄県で、大分県、北海道が続いている。富士山（山梨県、静岡県）や原爆ドーム（広島県）、神社仏閣（京都府、奈良県）など日本を代表する観光地を訪れるインバウンドは多いが、2度、3度と訪れる人は少ないのである。

　逆に、秋田県や鳥取県など5回目以上の人の割合が多い県は、初めて日本を訪れた人が行かない県でもある。それは、人気がないというよりも、もともとの知名度が低いうえに情報の発信も少なく、旅行先の候補にならないからであろう。

　一方、東京都は表中にない。それは訪日回数別の構成比に偏りがないからである。ほかにも、沖縄県は2回目の人が25.8％、3～4回目の人が23.5％となっており、初めての旅行者にもリピーターにも人気がある。北海道も同様である。リピーターが多いと、習慣やマナーの違いによるトラブルが減るし、相互理解も進むだろう。観光資源が異なるので他の地域がまねるのは難しいが、北海道と沖縄県は、インバウンド誘致の成功例といえよう。

（4）　主要国・地域別にみたインバウンドの特徴

　ここでは、前節と同様に、韓国、台湾、中国、香港、米国、英国、ドイツからのインバウンドについて、その特徴をみていく。

① 旅行目的

　インバウンドの旅行目的をみると、年々、観光の割合が増加しており、2012年には60.2％だったのが、2017年には81.0％となっている（図1-10）。なお、ここでいう観光とは、同調査における「観光・

図1-10　旅行目的の推移

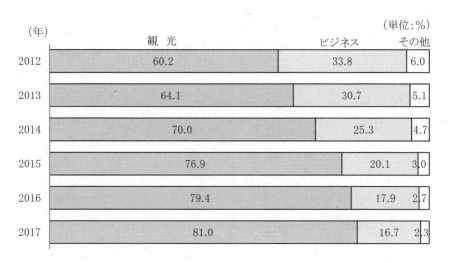

資料：表1-10に同じ。

レジャー」「親族・知人訪問」「ハネムーン」「学校関連の旅行」「スポーツ・スポーツ観戦」「イベント」の合計である。近年におけるインバウンドの増加は主として観光目的の旅行者が増加したことによるのである。

　観光目的の旅行者の割合を国・地域別にみると、韓国、台湾、中国、香港はいずれも8割を超えているのに対し、米国は61.2％、英国は59.1％、ドイツは48.5％と少なく、その分、ビジネス目的が多くなっている（図1-11）。これら欧米3カ国のインバウンドは東京都の訪問率が高いが（前掲表1-11）、ビジネス目的の旅行者が多いことが一因と考えられる。

図1-11　国・地域別旅行目的（2017年）

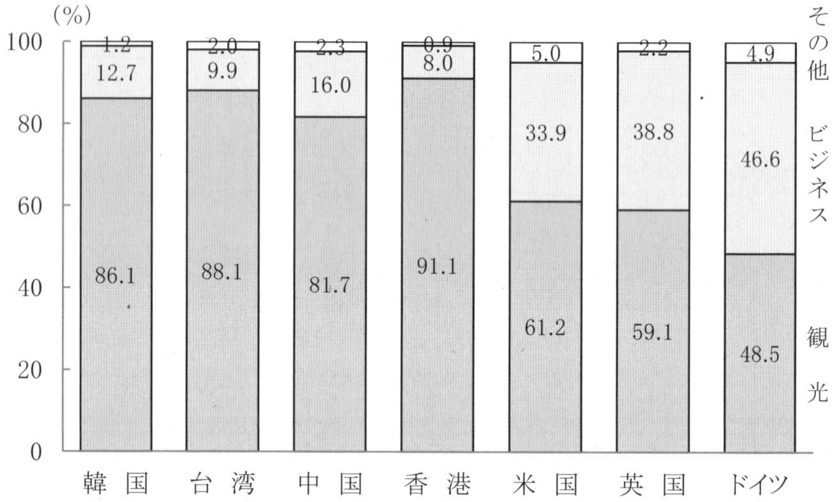

	韓国	台湾	中国	香港	米国	英国	ドイツ	
その他	1.2	2.0	2.3	0.9	5.0	2.2	4.9	
ビジネス	12.7	9.9	16.0	8.0	33.9	38.8	46.6	
観光	86.1	88.1	81.7	91.1	61.2	59.1	48.5	

資料：表1-10に同じ。

② 訪日回数

　前述のとおり、日本のインバウンドはリピーターが過半を占める
のであるが、国・地域によって訪日回数の分布には差がある。例え
ば、台湾と香港は、1回目の割合がそれぞれ18.3％、16.4％と少な
く、5回目以上の割合が、それぞれ41.5％、46.9％と多い（表1-14）。
旅行目的が「観光・レジャー」である人に限っても、5回目以上の割
合は、台湾が37.6％、香港が44.9％を占めている。韓国は、台湾や
香港に比べると1回目の割合が多く、31.8％を占めているが、5回目
以上の割合も27.3％あり、リピーターも少なくない。

　一方、中国は1回目の割合が54.4％と半数を超え、5回目以上の

第1章◆インバウンド受け入れの意義と動向

表1-14　国・地域別訪日回数構成比（2017年）

（単位：％）

訪日回数	韓　国	台　湾	中　国	香　港	米　国	英　国	ドイツ
1回目	31.8 (36.1)	18.3 (19.9)	54.4 (60.2)	16.4 (16.6)	50.2 (68.1)	52.9 (78.0)	47.6 (66.2)
2回目	21.0 (23.1)	17.2 (18.7)	17.6 (18.0)	16.0 (16.3)	16.6 (17.3)	12.6 (10.4)	12.7 (16.4)
3～4回目	19.8 (20.6)	23.0 (23.8)	13.0 (11.9)	20.6 (22.1)	12.1 (7.3)	12.1 (5.3)	13.7 (8.1)
5回目以上	27.3 (20.1)	41.5 (37.6)	14.9 (10.0)	46.9 (44.9)	22.4 (7.3)	22.4 (6.2)	26.0 (9.3)

資料：表1-10に同じ。
（注）　（　）内は旅行目的が「観光・レジャー」である人についての割合である。

割合は14.9％と少ない。米国、英国、ドイツも1回目の割合が多く、特に「観光・レジャー」目的に限ると、それぞれ68.1％、78.0％、66.2％と中国を上回る。米国、英国、ドイツの5回目以上の割合はいずれも2割を超えているが、「観光・レジャー」目的に限ると3カ国とも1割に満たない。米国、英国、ドイツのリピーターは、その多くがビジネス目的なのである。

　なお、リピーターは、毎回同じ目的で日本に来ているとは限らない。例えば、出張で初めて来日し、日本を気に入った人が、2回目には家族や友人と観光で訪れることもあるし、逆に観光で来日した人が日本の製品に興味をもち、次には商談で訪れることもある。また、日本で就学したり働いたりして、日本を好きになった人が、母国に帰った後、観光目的で再び来日することもある。観光客に限らず、外国人にどう接するかがインバウンドの増加に関わってくる。

55

図1-12　旅行手配方法の推移

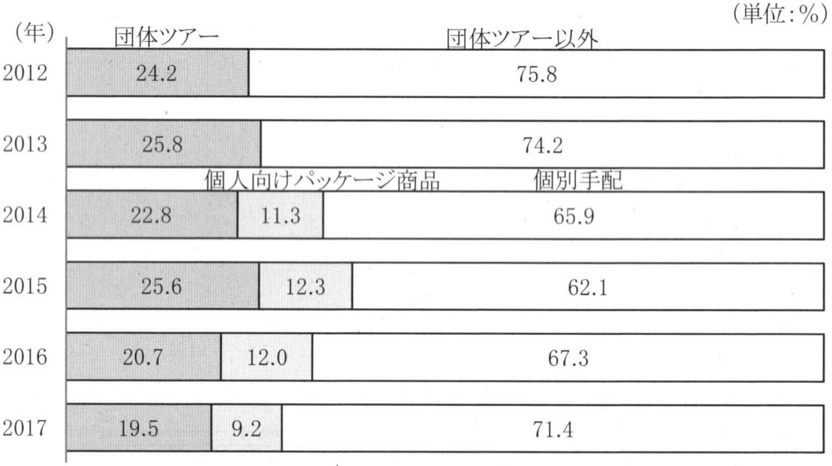

(単位：%)

(年)	団体ツアー	団体ツアー以外
2012	24.2	75.8
2013	25.8	74.2

(年)	個人向けパッケージ商品		個別手配
2014	22.8	11.3	65.9
2015	25.6	12.3	62.1
2016	20.7	12.0	67.3
2017	19.5	9.2	71.4

資料：表1-10に同じ。

③　旅行手配方法

　旅行の手配方法には、航空券や宿泊施設の予約、訪問先での移動手段やレジャー施設の確保などを旅行者自身が行う個別手配と、旅行会社が行うパッケージ商品の購入とがある。以前は海外旅行といえば、パッケージ商品の購入が一般的だったが、現在では航空券やホテルの予約がインターネットで手軽にできるようになった結果、個別手配が過半を占めている。

　個別手配の割合は、データを取り始めた2014年で、すでに65.9％を占めていた（図1-12）。一方、パッケージ商品のうち、団体ツアーの割合は2012年には24.2％だったが、2017年には19.5％に低下している。ただし、インバウンド全体の数が増えているので、団体ツ

図1-13 国・地域別旅行手配方法（2017年、観光・レジャー目的）

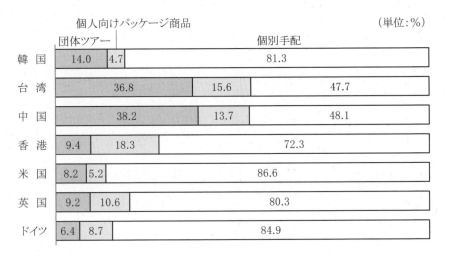

資料：表1-10に同じ。

アー客の数そのものはむしろ増加している。

　ビジネス目的の旅行客は個別手配がほとんどなので、「観光・レジャー」目的のインバウンドについて、国・地域別に旅行の手配方法をみると、2017年の場合、台湾と中国は団体ツアーの割合が多く、それぞれ36.8%、38.2%を占めている（図1-13）。その分、個人手配の割合が少なく、両国とも5割を下回っている。中国は初来日の人が多いというだけではなく、海外旅行自体が初めての人が多いのではないかと考えられる。台湾の場合は、旅行会社が優れた企画を提案しているためと思われる[11]。もっとも、2012年の調査では団

---

11 第4章を参照。

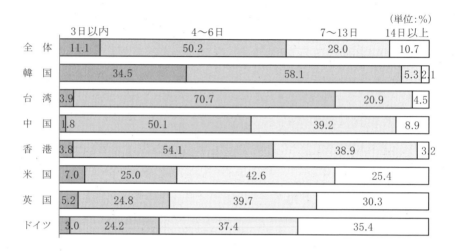

図1-14 国・地域別滞在日数（2017年）

資料：表1-10に同じ。

体ツアーの割合は台湾が54.0％、中国が71.5％だったので、台湾、中国においても団体ツアーの割合は減ってきている。

　一方、韓国、米国、英国、ドイツは個別手配の割合が8割を超えている。ただし、団体ツアーの利用も毎年一定の割合があり、個別手配一辺倒というわけではない。例えば、日本に寄港する海外のクルーズ船には欧米の旅行者が数多く乗っている。

④　滞在日数

　インバウンドの滞在日数は、全体としては4～6日が50.2％、3日以内が11.1％と1週間未満の滞在が61.3％を占めており、14日以上は10.7％と少ない（図1-14）。この構成比は毎年ほぼ同じであり、

目立った変化は見当たらない。

　国・地域別に滞在日数をみると、韓国は3日以内が34.5％、4〜6日が58.1％と1週間未満の滞在が92.6％を占めている。韓国の釜山と長崎県対馬市の間は高速艇で70分、韓国のソウルと福岡市の間は飛行機で80分と近く、日帰り旅行者も少なくない。気軽に行ける分、滞在日数の短い旅行が多くなるのだろう。

　台湾は、3日以内の割合は3.9％と少ないものの、4〜6日が70.7％を占めており、1週間未満の滞在が大半を占めている。中国と香港も3日以内の割合は少ないが、台湾に比べると、7〜13日の割合が多く、それぞれ39.2％、38.9％となっている。

　一方、米国、英国、ドイツは、いずれも7日以上の滞在が6割を超え、14日以上の割合も2〜3割程度ある。「観光・レジャー」目的の人に限ると、英国とドイツは滞在期間が長い人の割合がさらに多くなり、14日以上の割合は、英国が43.7％、ドイツが56.6％となっている。14日以上の割合が多いことは、フランスやスペインなど他の西欧諸国にも共通している。

⑤　性　別

　インバウンドの性別をみると、2012年には男性が58.9％を占めていたが、その後女性の割合が増加し、2016年にはほぼ半々になっている（図1-15）。

　国・地域別にインバウンドの性別をみると、2017年の場合、台湾、中国、香港は女性が男性の割合を上回っている（図1-16）。韓国は、男女が半々くらいであるが、米国、英国、ドイツは男性の割合が女性の割合を大きく上回っている。米国、英国、ドイツはビジネス目

図 1-15 性別の推移

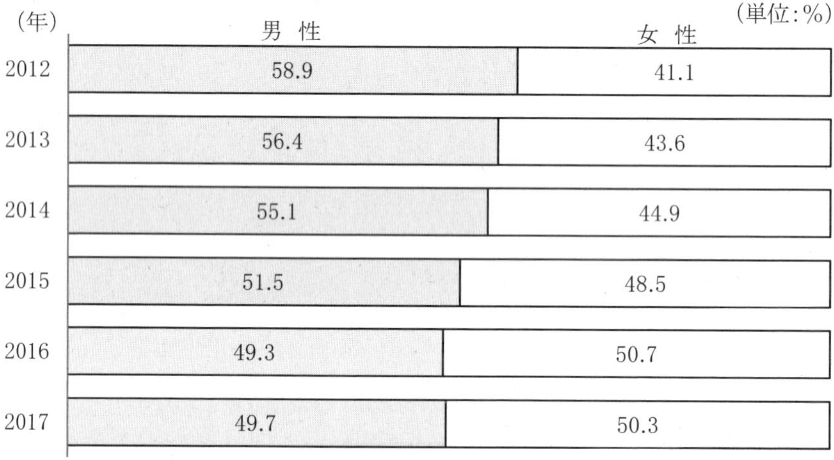

(単位:%)

(年)	男 性	女 性
2012	58.9	41.1
2013	56.4	43.6
2014	55.1	44.9
2015	51.5	48.5
2016	49.3	50.7
2017	49.7	50.3

資料:表 1-10に同じ。

図 1-16 国・地域別性別 (2017年)

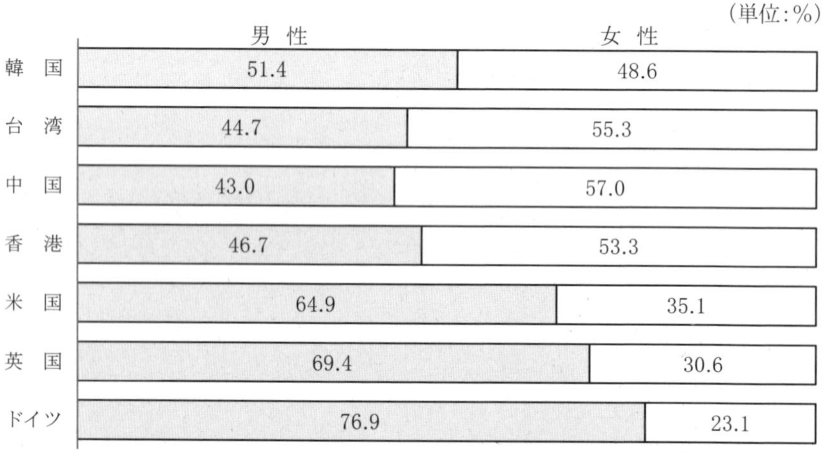

(単位:%)

	男 性	女 性
韓 国	51.4	48.6
台 湾	44.7	55.3
中 国	43.0	57.0
香 港	46.7	53.3
米 国	64.9	35.1
英 国	69.4	30.6
ドイツ	76.9	23.1

資料:表 1-10に同じ。

図1-17　年齢別構成比の推移

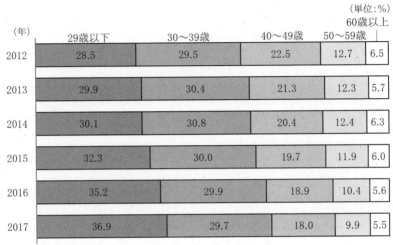

資料：表1-10に同じ。

的の旅行者が多いということもあるが、「観光・レジャー」目的の旅行者に限っても、男性が6割前後を占めている。他の国についてみても、アジアからのインバウンドには女性が多く、欧米からのインバウンドには男性が多い傾向がある。

⑥　年齢構成

インバウンドの年齢構成をみると、毎年、29歳以下の割合が増加しており、2012年には28.5％だったものが、2017年には36.9％を占めるまでになっている（図1-17）。インバウンドの総数は増加しており、どの年齢層も増えているが、とりわけ若い世代の寄与が大きい。日本のポップカルチャーに触れて育った世代がいま日本を訪れているといえよう。

図1-18　国・地域別年齢構成（2017年）

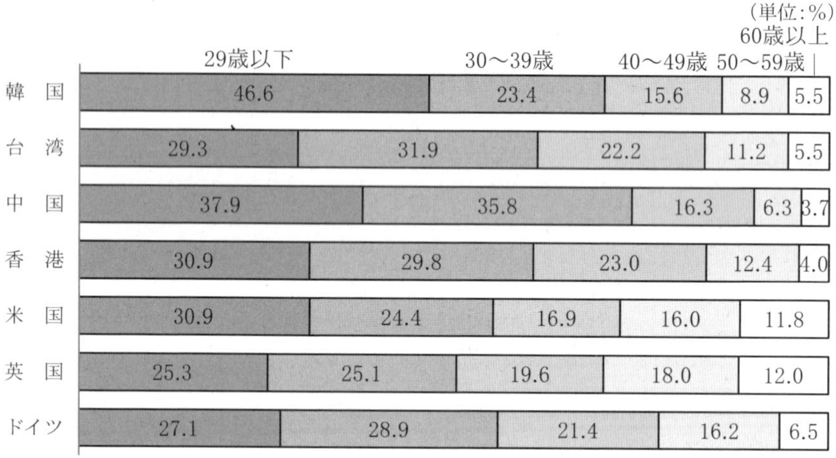

（単位：％）

	29歳以下	30〜39歳	40〜49歳	50〜59歳	60歳以上
韓　国	46.6	23.4	15.6	8.9	5.5
台　湾	29.3	31.9	22.2	11.2	5.5
中　国	37.9	35.8	16.3	6.3	3.7
香　港	30.9	29.8	23.0	12.4	4.0
米　国	30.9	24.4	16.9	16.0	11.8
英　国	25.3	25.1	19.6	18.0	12.0
ドイツ	27.1	28.9	21.4	16.2	6.5

資料：表1-10に同じ。

　国・地域別に年齢構成をみると、韓国は29歳以下の割合が46.6％と半数近くを占めており、中国も29歳以下の割合が37.9％と多い（図1-18）。また、中国は30〜39歳の割合も35.8％と多い。台湾と香港は、29歳以下の割合は韓国や中国より少ないが、50歳以上が少ないという点は共通している。他のアジア諸国についてみても39歳以下の割合が多く、50歳以上の割合が少ない。

　米国、英国、ドイツも39歳以下がほぼ半数を占めるが、韓国や台湾などアジアの国・地域に比べると50歳以上の割合が多い。これは主にビジネス目的の旅行者が多いためだと思われる。「観光・レジャー」目的の旅行者に限ると、39歳以下の割合は、米国が65.8％、英国が61.2％、ドイツが66.2％とさらに多くなるからである。ただし、米国

図1-19 旅行の同行者（複数回答）

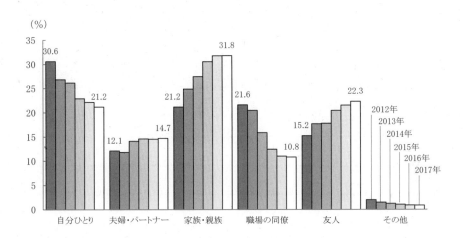

資料：表1-10に同じ。

と英国については60歳以上の割合も多く、それぞれ14.0％、14.3％となっている。

観光目的にインバウンドを誘致しようとするのであれば、若い世代が多いことを意識しておく必要がある。

⑦　旅行の同行者

旅行の同行者をみると、観光目的の割合が増えていることから、「自分ひとり」や「職場の同僚」の割合が減り、「家族・親族」や「友人」の割合が増えている（図1-19）。このことは宿泊施設のあり方に影響するはずである。一人だけの旅行者であれば、ホテルのシングルルームでも、ホステルのドミトリー（他人との相部屋）やカプセ

表1-15 国・地域別同行者 (複数回答、2017年)

(単位:%)

	韓国	台湾	中国	香港	米国	英国	ドイツ
自分ひとり	18.6 (13.6)	13.7 (9.1)	16.7 (9.8)	14.8 (10.3)	46.4 (27.8)	45.8 (23.5)	52.4 (31.4)
夫婦・ パートナー	11.3 (13.1)	13.8 (15.2)	13.7 (16.2)	19.0 (21.0)	18.7 (29.5)	23.7 (39.7)	15.8 (30.3)
家族・親族	27.8 (32.5)	43.0 (49.8)	35.6 (44.6)	44.2 (48.7)	13.7 (21.4)	12.4 (19.4)	10.2 (20.4)
職場の同僚	10.5 (4.0)	9.1 (4.3)	14.2 (5.7)	4.2 (1.1)	8.5 (0.4)	8.2 (0.0)	13.8 (0.6)
友人	31.5 (37.1)	21.9 (23.7)	20.8 (25.3)	19.9 (21.7)	12.9 (22.1)	10.6 (18.4)	8.6 (19.1)
その他	1.3 (0.7)	0.9 (0.5)	0.6 (0.4)	0.4 (0.0)	1.1 (0.9)	0.2 (0.3)	0.6 (0.5)

資料：表1-10に同じ。
(注)（　）内は旅行目的が「観光・レジャー」である人についての割合である。

ルホテルでも対応できる。また、職場の同僚との旅行では別々の部屋になるほうが好まれる。

　しかし、家族や友人のグループは、別の部屋に泊まることも他人と相部屋になることも好まない。実際、部屋が分かれてしまう洋室のホテルよりも、宿泊者数に融通が利く和室のホテルや旅館を選ぶインバウンドは少なくない。また、インバウンドの変化に対応して個室を増やすホステルも多い。近年、民泊が増えているのも、安価というだけではなく、家族や友人と他人に気兼ねすることなく泊まれるからだろう。

　国・地域別に同行者をみると、29歳以下の若者が多い韓国は「友人」の割合が31.5％と最も多いが、台湾、中国、香港は「家族・親族」が最も多く、台湾と香港では4割を超えている（表1-15）。

第1章◆インバウンド受け入れの意義と動向

　一方、米国、英国、ドイツは、「自分ひとり」の割合が多く、それ
ぞれ46.4％、45.8％、52.4％を占めている。ビジネス目的の旅行者
が多いためであるが、「観光・レジャー」目的の旅行者に限っても、
「自分ひとり」の割合はアジアからのインバウンドに比べて多い。
また「観光・レジャー」目的に限った場合、米国、英国、ドイツは、
アジアに比べて「家族・親族」の割合が少なく、「夫婦・パートナー」
の割合が多くなっている。同行者をみても、アジアと欧米とでは旅
行のスタイルが異なることがわかる。

（5）　インバウンドの消費行動

　ここでは、インバウンドが日本で何をし、いくら消費しているか
をみていく。

①　世帯の年収

　インバウンドの消費行動をみる前に、どれくらいの年収があるの
かをみておこう。「訪日外国人消費動向調査」では、2015年から世帯
の年収を質問するようになったが、2017年の場合、インバウンド全
体では、500万円未満が58.1％を占めている（図1-20）。

　世帯の年収を国・地域別にみると、500万円未満の割合は、台湾と
中国がとりわけ多く、それぞれ70.3％、66.5％を占めている。韓国
と香港は、500万円未満の割合がそれぞれ51.8％、50.5％と、イン
バウンド全体とほぼ同じ水準である。ただし、香港は1,000万円以
上の割合が22.9％と、インバウンド全体よりも多い。

　一方、米国、英国、ドイツは500万円未満の割合が、それぞれ21.8％、
25.6％、32.4％と少なく、1,000万円以上の割合が多い。特に米国は

65

図 1 -20　世帯の年収（2017年）

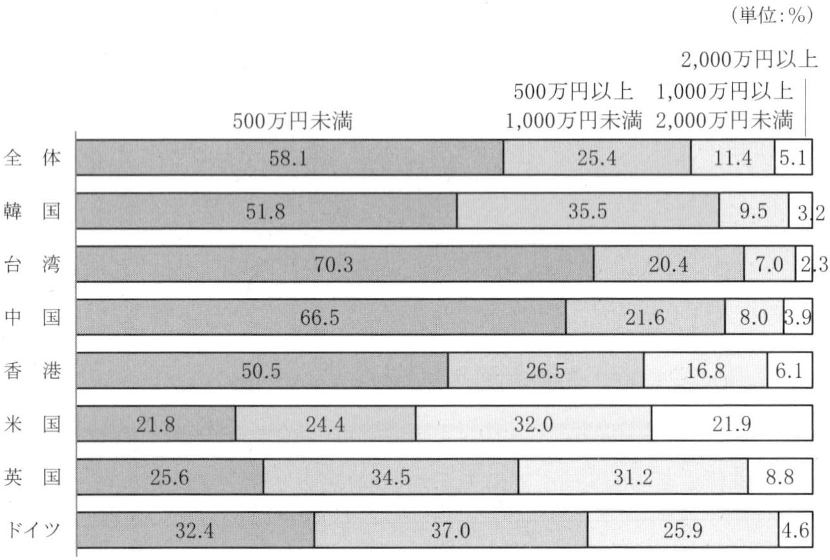

(単位：%)

	500万円未満	500万円以上 1,000万円未満	1,000万円以上 2,000万円未満	2,000万円以上
全　体	58.1	25.4	11.4	5.1
韓　国	51.8	35.5	9.5	3.2
台　湾	70.3	20.4	7.0	2.3
中　国	66.5	21.6	8.0	3.9
香　港	50.5	26.5	16.8	6.1
米　国	21.8	24.4	32.0	21.9
英　国	25.6	34.5	31.2	8.8
ドイツ	32.4	37.0	25.9	4.6

資料：表１-10に同じ。

1,000万円以上の割合が53.9％と半数を超え、2,000万円以上に限っても21.9％を占めている。

② 日本国内での消費額

　インバウンドが日本で消費した金額をみると、2012年には１人当たり12万9,798円だったが、2015年には17万6,167円まで増加した（図１-21）。だが、2016年には15万5,896円に減少し、2017年も引き続き減少している。2015年は、中国人旅行客による「爆買い」が話題になった年であるが、これには円安という要因があった。

第1章◆インバウンド受け入れの意義と動向

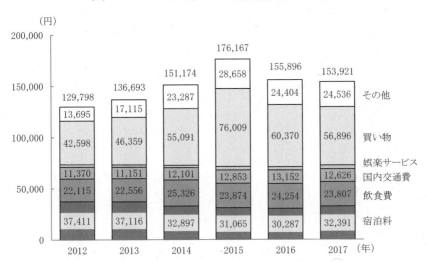

図1-21　1人当たり国内消費額の推移

資料：表1-10に同じ。
（注）「その他」には、パッケージ旅行の代金のうち、日本企業に支払われる宿泊料や飲食費を含む。

　例えば、円と中国人民元との為替レートをみると、2014年の4-6月期には平均して1元が16.5円だったものが、2015年の4-6月期には同20.0円と約2割の円安になった[12]。日本円と香港ドルとの為替レートをみても、2014年の4-6月期には平均して1香港ドル＝13.1円だったのが、2015年の4-6月期には同15.8円と、やはり約2割の円安になった。2015年のインバウンド1人当たり国内消費額は、2014年に比べて16.5％の増加なので、増加分のほとんどは円安で説明できてしまう。2016年からは円がいくらか高くなった

---

12 IMF（http://www.principalglobalindicators.org）

図1-22　国・地域別1人当たり消費額（2017年）

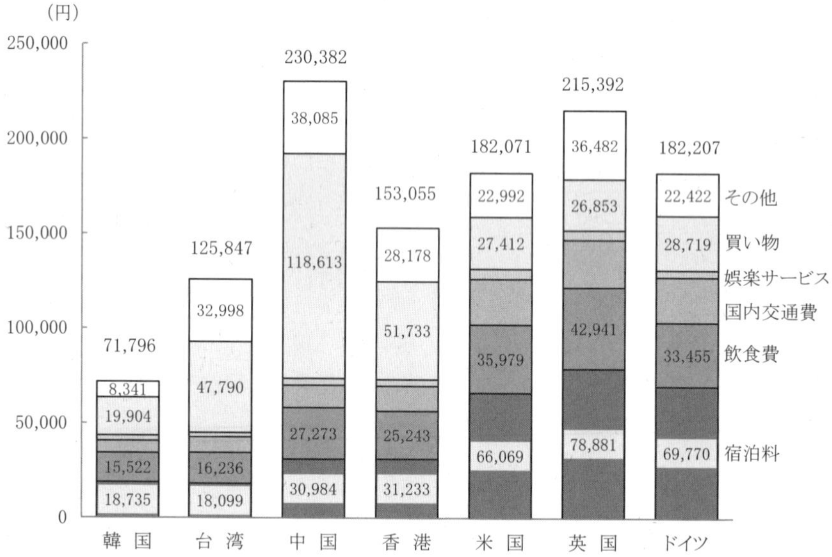
（円）
250,000
200,000
150,000
100,000
50,000
0
71,796
8,341
19,904
15,522
18,735
125,847
32,998
47,790
16,236
18,099
230,382
38,085
118,613
27,273
30,984
153,055
28,178
51,733
25,243
31,233
182,071
22,992
27,412
35,979
66,069
215,392
36,482
26,853
42,941
78,881
182,207
22,422
28,719
33,455
69,770
その他
買い物
娯楽サービス
国内交通費
飲食費
宿泊料
韓国
台湾
中国
香港
米国
英国
ドイツ

資料：表1-10に同じ。

ので、円でみたインバウンドの消費額も減少した。

1人当たりの国内消費額を国・地域別にみると、2017年の場合、主要市場のなかでは中国が23万382円で飛び抜けて多い（図1-22）。一方、韓国は7万1,796円と少なく、台湾も12万5,847円と中国の半分程度である。欧米諸国では英国が21万5,392円で最も多いが、米国やドイツも香港より多くなっている。

消費額を項目別にみると、宿泊料金は平均滞在期間が短いだけにアジアの国・地域で少なく、特に韓国は1万8,735円しかない。台湾も宿泊料は韓国と同じくらいであるが、台湾はパッケージ旅行の

利用者が多いので、実際に支払っている宿泊料の平均値は韓国よりも多いと考えられる。

一方、平均滞在期間が長い米国、英国、ドイツは宿泊料がいずれも6万円を超えており、消費額全体の4割弱を占めている。飲食費も、米国、英国、ドイツはアジアの国・地域より多いが、買い物代金については、中国が11万8,613円、香港が5万1,733円、台湾が4万7,790円と多く、米国、英国、ドイツは総じて少ない。

なお、近年は「モノ消費」から「コト消費」へと観光の内容が変わっているといわれるが、消費額の内訳を見る限り、そのような変化は見いだせない。例えば、娯楽サービス費を支出した人の割合は35.7％に過ぎず、その多くは美術館や博物館の入場料である。

③　宿泊の動向

インバウンドによる国内消費額の2～3割を占める宿泊について、別の統計を使い、最近の動向を確認しておこう。観光庁の「宿泊旅行統計調査」によると、日本人を含む延べ宿泊者数は2012年から2015年にかけて毎年増加していたが、2016年は減少した。2017年はいくらか増えたものの、2015年に比べればまだ少ない（図1-23）。一方、外国人の延べ宿泊者数は2012年以降、毎年増加しており、延べ宿泊者数全体に占める外国人の割合も増加している。ただし、2016年以降、増加の程度は小さくなっている。

そこで、外国人延べ宿泊者数の対前年増加率をみると、2015年には46.4％あったものが、2016年には5.8％と大きく低下している（図1-24）。2017年も12.4％と水準は低い。もちろん、増加率は次第に低下していくものであり、2015年まで急激に増加していたことを

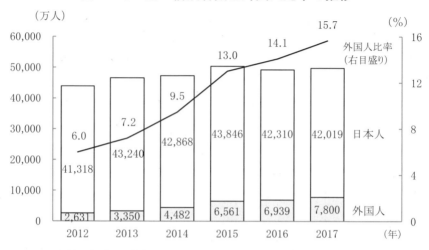

図1-23　延べ宿泊者数と外国人比率の推移

資料：観光庁「宿泊旅行統計調査」
（注）　2017年は速報値。

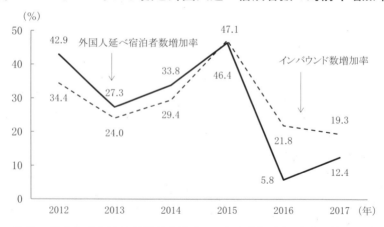

図1-24　インバウンド数と外国人延べ宿泊者数の対前年増加率

資料：観光庁「宿泊旅行統計調査」、日本政府観光局「訪日外客数」

考えれば当然といえるかもしれない。

　問題はインバウンド数の動きと一致しなくなってきていることである。2012年から2014年まで、外国人宿泊者数の増加率は、インバウンド数の増加率をいくらか上回っていた。しかし、2015年にほぼ同じになり、2016年にはインバウンド数の増加率が21.8％だったのに対し、外国人宿泊者数の増加率はそれより16ポイントも少ない5.8％だった。2017年も外国人延べ宿泊者数の増加率はインバウンド数の増加率を6.9ポイント下回っている。つまり、インバウンド数が増えたほどには外国人延べ宿泊者数は増えていないのである。

　外国人延べ宿泊者数の対前年増加率を国・地域別にみると、2016年はどの国・地域の増加率も2015年を下回っている（表1-16）。なかでも中国は、2014年が88.0％、2015年が109.0％と大きく増加していたのが、2016年には3.5％に落ち込み、2017年も回復するどころか、2.7％と前年を下回っている。台湾も、2014年は28.4％、2015年は32.2％の増加率だったのに、2016年は0.4％と横ばいになり、2017年も6.7％と低水準にとどまっている。香港も同様である。中国も台湾、香港もインバウンド数は引き続き増加しているので、「宿泊旅行統計調査」の対象になっていない施設に泊まっている中国人、台湾人、香港人が増加していることになる。

　その要因としては、まず一般の住宅を旅行者に貸し出す民泊が挙げられる。中国や台湾の企業が中国語圏の旅行者を対象に経営する民泊が増えているといわれるが、それは中国や台湾、香港の延べ宿泊者数の増加率が低下したことと符合する。ただし、民泊がどれだけあるのか、まして外国人が経営するものがどれだけあるのか、実態は不明である。

71

表1-16　国・地域別外国人延べ宿泊者数の増加率の推移

（単位：％）

	2013年	2014年	2015年	2016年	2017年
韓　　国	30.8	14.8	55.4	14.8	41.2
中　　国	2.7	88.0	109.0	3.5	2.7
香　　港	57.8	24.7	51.1	8.3	18.8
台　　湾	62.8	28.4	32.2	0.4	6.7
米　　国	16.8	10.2	19.1	13.0	11.6
英　　国	18.6	27.1	22.1	5.5	13.3
ドイツ	20.3	16.6	17.0	9.5	10.2

資料：図1-23に同じ。
（注）　従業員10人以上の宿泊施設についての集計である。

　他の要因としては、クルーズ船で来日した人は船に宿泊し、ホテルや旅館には泊まらないことも挙げられる。さらに、日経MJの「入国したのに宿泊しない？ 消えた訪日客はここにいた（2017年1月25日）」という記事は、夜行バスで移動して時間と宿泊代を節約するインバウンドや、24時間営業のサウナや飲食店、空港のロビーで仮眠するインバウンドがいることを指摘している。

④　買い物

　中国や台湾など、国・地域によっては国内消費額において宿泊料よりも大きなウエートを占めているのが買い物である。そこで、日本で何を買っているのかをみると、毎年、購入率が高いのは「菓子類」「その他食料品・飲料・酒・たばこ」「医薬品・健康グッズ・トイレタリー」「化粧品・香水」で、インバウンドの2人に1人ないし

第1章◆インバウンド受け入れの意義と動向

表1-17 費目別購入率の推移（複数回答）

（単位：%）

	2012年	2013年	2014年	2015年	2016年	2017年
菓子類	58.2	62.1	63.6	65.0	64.6	67.5
その他飲食料品	51.4	51.6	51.7	58.8	60.1	63.1
カメラ・ビデオカメラ・時計	9.3	9.3	9.4	11.5	7.8	7.1
電気製品	9.4	10.9	13.5	19.7	16.1	14.8
化粧品・香水	38.5	42.7	31.9	42.4	43.8	46.2
医薬品・健康グッズ	―	―	31.8	47.3	50.8	53.0
和服（着物）・民芸品	15.5	14.3	14.0	11.9	10.9	10.2
服（和服以外）・かばん・靴	29.8	34.7	37.2	40.6	38.8	37.2
マンガ・アニメ関連商品	9.1	9.1	12.0	12.8	13.6	14.0
書籍・絵葉書・CD・DVD	―	―	11.0	11.6	11.4	10.7
その他買物代	20.3	18.9	9.9	6.8	7.1	6.5

資料：表1-10に同じ。
(注) 1　「その他飲食料品」は「その他食料品・飲料・酒・たばこ」の、「医薬品・健康グッズ」は「医薬品・健康グッズ・トイレタリー」の、「マンガ・アニメ関連商品」は「マンガ・アニメ・キャラクター関連商品」のそれぞれ略である。
　　　2　2013年まで「医薬品・健康グッズ・トイレタリー」は「化粧品・香水」と同じ費目だった。
　　　3　「マンガ・アニメ・キャラクター関連商品」は2013年まで「マンガ・DVD・アニメ関連商品」だった。

３人に２人が買っている（表1-17）。「服（和服以外）・かばん・靴」も購入率は４割近い。日本人が普段購入しているものをインバウンドも買っているのである。ここからも日本の「いま」がインバウンドを引きつけていることがわかる。

　費目別の購入率を国・地域別にみると、「菓子類」は韓国の82.5%を筆頭に台湾、中国、香港で高く、米国、英国、ドイツで低い（表1-18）。アジアからのインバウンドに人気がある菓子は、伝統的な和菓子ではなく、スーパーやコンビニで販売されているスナック菓子や土産物として日本人にも人気がある菓子である。また、抹茶味やきなこ味といった日本独自の風味を求めるインバウンドも多い。

73

表1-18　国・地域別、費目別購入率（複数回答、2017年）

（単位：％）

	韓　国	台　湾	中　国	香　港	米　国	英　国	ドイツ
菓子類	82.5	70.0	70.5	63.9	40.1	40.6	28.4
その他飲食料品	63.0	66.6	60.5	64.3	66.2	61.1	61.1
カメラ・ビデオカメラ・時計	1.6	4.7	13.7	6.2	3.2	4.6	2.8
電気製品	2.6	22.8	27.7	11.8	6.5	8.3	7.2
化粧品・香水	33.7	44.5	79.7	48.4	10.1	10.8	9.7
医薬品・健康グッズ	50.0	74.9	73.1	65.5	14.3	14.8	8.6
和服（着物）・民芸品	4.8	7.5	6.9	13.7	25.2	20.0	15.4
服（和服以外）・かばん・靴	21.2	45.0	44.4	53.7	20.6	23.0	21.8
マンガ・アニメ関連商品	14.5	10.8	14.3	15.3	16.9	14.3	14.5
書籍・絵葉書・CD・DVD	4.5	11.7	10.0	15.0	20.6	20.6	20.7
その他買物代	7.5	3.7	3.5	4.6	14.0	11.4	13.6

資料：表1-10に同じ。

「化粧品・香水」「医薬品・健康グッズ・トイレタリー」の購入率も、中国をはじめ、韓国、台湾、香港で高く、米国、英国、ドイツで低い。化粧品でも医薬品でも、欧米には世界的なブランドがあるのでわざわざ日本で買う必要はあまりない。一方、このカテゴリーの日本製品に対するアジアからの信頼はとても大きい。例えば、中国の三大ポータルサイトの一つである「捜狐（sohu）」は、2014年10月に「日本に行ったら買わねばならない12の神薬」という記事を掲載した。日本の大衆薬は、中国の大衆薬に比べると、価格の割に安全性が高く、飲みやすさや視覚に訴える説明など消費者への配慮もされているからである。

また、「化粧品・香水」の購入率は、中国が79.7％と高い。日本の化粧品は中国でも販売されているが、コピー商品や偽造品も多く、量販店の店頭でニセモノが売られていることもある。そこで、来日した際にホンモノを買っていくのである。

74

「服（和服以外）・かばん・靴」の購入率は、台湾、中国、香港で4割を超えている。この購入率は、タイやインドネシア、マレーシアでも4割を超えており、日本のファッションはアジアで人気が高いことがわかる。もっとも、米国や英国、ドイツでも購入率は2割を超えており、日本のファッションに注目する人は欧米にも少なくない。「マンガ・アニメ・キャラクター関連商品」も、購入率はそれほど高くないが、七つの国・地域間では差が小さい。

　中国については、「電気製品」の購入率が27.7％、「カメラ・ビデオカメラ・時計」の購入率が13.7％と比較的高い。しかし、爆買いが話題になった2015年の購入率が、それぞれ40.7％、24.8％だったのに比べると減っている。2015年は円安だったこともあるが、旅行者が海外で購入した商品への課税強化など、中国の税制が変わり、日本で買うメリットが小さくなったことも挙げられる。

　中国では、インバウンドの消費行動に影響するような税制の変更が、その後も行われている。例えば、2017年11月に、一部の消費財について輸入関税が引き下げられた。対象となった品目には、化粧品など日本での購入率が高いものも含まれている。例えば、口紅の関税率は10％から5％に、マニキュアの関税率は15％から5％に引き下げられた。また、7.5％だった子供用紙おむつの関税は撤廃された。中国政府とすれば、海外で買われるよりも国内で消費されたほうが良い。巨額の貿易黒字を抱えているという事情もある。そのため、輸入を増やし、海外での購入を減らす政策をとっている。中国人インバウンドの購買力だけに依存していると、政策の変更で一気に売り上げが減る可能性もあるので注意が必要である。

75

表1-19　国・地域別日本での活動内容（複数回答、2017年）

（単位：%）

	韓 国	台 湾	中 国	香 港	米 国	英 国	ドイツ
日本食を食べること	97.8	93.0	93.5	95.9	98.3	98.2	99.0
日本の酒を飲むこと	60.2	32.5	33.9	33.3	65.6	75.6	68.2
旅館に宿泊	17.0	38.5	38.2	34.0	22.6	25.2	20.4
温泉入浴	30.3	34.7	43.4	35.0	21.8	26.0	29.2
自然・景勝地観光	55.9	72.1	72.5	65.3	60.2	59.8	53.2
繁華街の街歩き	70.1	76.9	80.6	75.0	70.2	69.8	54.5
ショッピング	85.3	88.6	91.3	88.5	66.2	60.6	55.8
美術館・博物館	12.7	15.6	15.9	20.4	37.6	44.0	30.9
テーマパーク	21.8	21.8	22.5	19.0	11.7	11.2	6.5
四季の体感（花見・紅葉・雪等）	3.7	15.5	10.0	14.1	20.5	25.4	15.9
日本の歴史・伝統文化体験	9.8	23.0	18.9	23.7	52.7	57.0	48.4
日本の日常生活体験	12.3	20.3	14.5	20.4	50.1	51.1	44.9
日本のポップカルチャーを楽しむ	9.9	14.2	10.3	17.1	27.3	23.7	15.7

資料：表1-10に同じ。
（注）　いずれの国・地域でも回答率が少ないものは省略した。

⑤　日本での活動内容

　ここでは、支出を伴わないものを含めて、インバウンドが日本で
何をしているのかをみる。旅行・観光の内容は、アジアと欧米とで
は大きく異なるので、全体ではなく、国・地域別にみていく。

　まず、ほとんどすべてのインバウンドに共通するのは「日本食を
食べること」である（表1-19）。しかし、「日本の酒を飲むこと」は
英国が75.6％、ドイツが68.2％、米国が65.6％、韓国が60.2％であ
るのに対し、台湾、中国、香港はいずれも30％を少し超える程度で
ある。WHO(世界保健機関)の『Global status report on alcohol and health
2014』によると、15歳以上人口1人当たりの年間アルコール消費量
は、米国が9.2リットル、英国が11.6リットル、ドイツが11.8リッ
トル、韓国が12.3リットルであるのに対し、中国は6.7リットルと

76

なっている（日本は7.2リットル）。普段から飲酒の習慣がある国の人は、日本の酒にも興味があるということなのだろう。

米国や英国、ドイツに比べて、韓国、台湾、中国、香港のほうが多いものとしては、「温泉入浴」や「旅館に宿泊」（韓国を除く）、「ショッピング」「テーマパーク」がある。ただし、「次に来日したときにしたいこと」をみると、「温泉入浴」と「旅館に宿泊」は米国や英国、ドイツでも４割前後の回答があり、温泉や旅館に興味がある人は欧米にも少なくない。

逆に、米国、英国、ドイツのほうが多いものには、「美術館・博物館」「日本の歴史・伝統文化体験」「日本の日常生活体験」がある。また、「日本のポップカルチャーを楽しむ」は、米国と英国では２割を超えている。これら４項目は、フランスやスペインなど他の欧米諸国でも総じて多い。

以上をまとめると、アジアからのインバウンドは、有名な観光スポットを巡り、土産物を買うという、いわゆる「モノ消費」型の旅行者が多いのに対し、欧米からのインバウンドは、伝統的なものであれ現代的なものであれ、日本ならではの経験を求める「コト消費」型の旅行者が多いといえよう。この日本的な経験は、花見でも、原爆ドームの訪問でも、古い町並みの散策でも、人との交流でもよく、必ずしも金銭の支出を伴うものではない。その分、「コト消費」型旅行の経済効果は小さくなるが、日本人にとって当たり前のものが魅力的な観光資源になりえるという利点もある。アジアからのインバウンドも、いずれは日本ならではの経験を求める人が多くを占めるようになるだろう。外国人の視点に立って観光資源を開発し、情報を発信していくことが今後はいっそう重要になっていく。

77

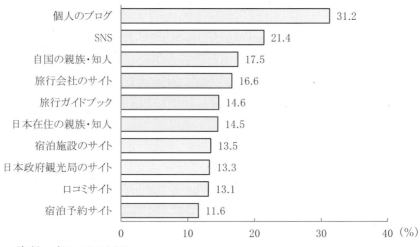

図1-25 出発前に得た旅行情報源のうち役に立ったもの
（上位10項目、複数回答、2017年）

資料：表1-10に同じ。

⑥ インバウンドの情報源

　インバウンドは、日本のどこで何をするかをどのようにして決めているのだろうか。出発前に得た旅行情報源のうちで役に立ったものをみると、最も多いのは「個人のブログ」の31.2％で、以下「SNS（TwitterやFacebookなど）」の21.4％、「自国の親族・知人」の17.5％が続いている（図1-25）。紙媒体よりもインターネットが、また「旅行会社のサイト」や「日本政府観光局のサイト」といったフォーマルな情報よりも口コミというプライベートな情報が、それぞれインバウンドの行動を左右している。

　出発前に役に立った情報源は、国・地域によって傾向が異なっている。韓国は「個人のブログ」が55.5％、「SNS」が30.3％と、イン

表 1 -20　国・地域別、出発前に得た旅行情報源で役に立ったもの（複数回答、2017年、上位5項目）

（単位：%）

韓　国	台　湾	中　国	香　港
個人のブログ 55.5	個人のブログ 36.8	SNS 24.4	個人のブログ 33.2
SNS 30.3	日本政府観光局のサイト 23.8	旅行会社のサイト 20.8	日本政府観光局のサイト 31.2
旅行ガイドブック 15.6	旅行会社のサイト 23.1	自国の親族・知人 17.5	旅行専門誌 27.0
その他インターネット 15.3	旅行専門誌 18.7	個人のブログ 14.7	SNS 22.8
自国の親族・知人 12.1	SNS 17.7	旅行ガイドブック 13.9	旅行会社のサイト 20.3

米　国	英　国	ドイツ
日本在住の親族・知人 36.3	日本在住の親族・知人 33.4	日本在住の親族・知人 33.4
自国の親族・知人 28.2	口コミサイト 30.5	旅行ガイドブック 24.6
口コミサイト 26.5	自国の親族・知人 22.4	自国の親族・知人 21.0
個人のブログ 20.1	旅行ガイドブック 21.3	その他インターネット 18.8
宿泊施設のサイト 20.0	宿泊施設のサイト 21.2	個人のブログ 17.3

資料：表1 -10に同じ。

ターネット上の口コミを挙げる人が多い（表1 -20）。台湾と香港も「個人のブログ」が最も多くなっているが、「日本政府観光局のサイト」がそれぞれ23.8％、31.2％、「旅行会社のサイト」がそれぞれ23.1％、20.3％、「旅行専門誌」がそれぞれ18.7％、27.0％あり、フォーマルな情報源を利用している人も多い。

一方、中国は、「SNS（中国では微信、QQ、微博など）」が最も多いものの、24.4％にとどまっている。「個人のブログ」も14.7％で韓国や台湾、香港に比べるとかなり少ない。インターネットから情報を得る人は多いが、特定の情報源に集中していないのが中国の特徴といえる。

　米国、英国、ドイツはいずれも「日本在住の親族・知人」が最も多く、３割を超える。「自国の親族・知人」もそれぞれ20％を超えており、面識のある人からの口コミが多くなっている。また、個人手配が多いだけに、米国と英国では「宿泊施設のサイト」も、それぞれ２割ほどある。インバウンドを誘致したい企業は、宿泊施設と連携してPRするとよいかもしれない。宿泊施設にとっても、地域の小売店や飲食店を宿泊客に紹介することは顧客サービスとなるので相互にメリットがある。

　「観光・レジャー」目的のインバウンドに限って役に立った旅行情報源を見ても、米国、英国、ドイツでは、親族・知人の割合がやはり３割前後あるのだが、インターネット上の情報源の割合も多くなる。例えば、「口コミサイト（TripAdvisorなど）」は米国が37.9％、英国が43.6％、ドイツが25.6％となる。「個人のブログ」も、米国が30.2％、英国が24.2％、ドイツが36.2％と多くなる。ただし、「SNS」は米国が12.0％、英国が13.3％、ドイツが8.4％と少ない。

　また、「旅行ガイドブック」の回答も多く、米国は23.8％、英国は32.6％、ドイツは43.6％となっている。旅行ガイドブックといっても、欧米で大きなシェアを占める『Lonely Planet』は広告やタイアップ記事がなく、ライターの実体験に基づく中立的な記事で構成されており、口コミサイトと同じような内容になっている。

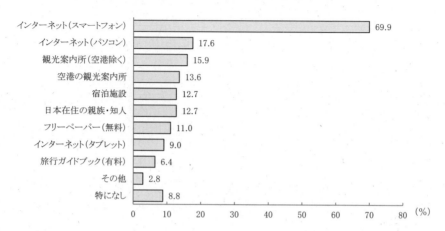

図1-26 滞在中に役に立った情報源（複数回答、2017年）

資料：表1-10に同じ。

　なお、上位5項目に入ってはいないが、台湾と香港は「テレビ番組」の回答が多く、それぞれ17.2％、16.9％となっている。タイも「テレビ番組」の割合は15.5％と多い。これらの国・地域ではテレビでしばしば紹介されるほど、訪日旅行の人気が高いということなのだろう。

　インバウンドの情報収集は来日してからも行われる。そこで、日本滞在中に役に立った情報源をみると、「インターネット（スマートフォン）」が69.9％と飛び抜けて多くなっている（図1-26）。ただ、この選択肢では、情報収集の主な道具がスマートフォンであることはわかるが、スマートフォンで何を見ているのかがわからない。出発前と同様に、個人のブログやSNS、口コミサイトの利用は多いだろうが、日本企業によるグルメサイトやインバウンド向けの情報メ

表1-21　訪日旅行全体の満足度（2017年）

(単位：%)

	韓　国	台　湾	中　国	香　港	米　国	英　国	ドイツ
大変満足	29.6	51.9	49.0	45.2	81.0	87.9	77.0
満足	58.0	43.1	41.1	50.2	17.6	10.7	20.5
やや満足	6.2	3.9	7.5	3.5	0.8	0.2	1.3
普通	5.4	0.8	2.0	0.9	0.5	0.5	0.8
やや不満	0.5	0.2	0.3	0.1	0.1	0.3	0.4
不満	0.3	0.0	0.1	0.1	0.0	0.3	0.0
大変不満	0.1	0.1	0.1	0.0	0.0	0.0	0.0

資料：表1-10に同じ。

ディアかもしれないし、交通案内や地図のサイトであるかもしれない。観光庁には選択肢の改善を期待したい。

　以上のとおり、インバウンドの情報収集は、主にインターネットと口コミによって行われている。したがって、インバウンドの誘致では、インターネットを使った情報発信や口コミを促す仕掛けが重要になる。ただし、同じインターネット上の情報でも、国・地域によって利用されているものが異なること、また書籍やテレビなど既存のメディアを通じた宣伝が効果的な国・地域もあるので、ターゲットとするインバウンドの特徴に合ったプロモーション方法をとることが重要である。

（6）　訪日旅行の満足度

　最後に訪日旅行の満足度についてみておこう。訪日旅行全体の満足度を満足か不満かで分けてみれば、どの国・地域でも9割のインバウンドが満足と回答している（表1-21）。しかし、満足の内訳をみていくと、「大変満足」と回答した人の割合は、米国が81.0％、英国

が87.9％、ドイツが77.0％であるのに対し、韓国は29.6％、台湾は51.9％、中国は49.0％、香港は45.2％と少ない。7カ国・地域以外をみても、「大変満足」と回答する人の割合は、欧米の国よりもアジアの国で少ない。この傾向は毎年同じである。

欧米の人は、リップサービスで大げさに褒めることが多いというだけのことであればよいのだが、そうとばかりも言い切れない。

例えば、村山（2016）はインバウンドが抱く接客サービスへの不満として、「歓迎されていない印象を受けた」「話しかけると逃げられた」「食べ方がわからずに困ったが、教えてくれなかった」といったことを挙げ、その背景には「外国人に対して苦手意識がある」「声をかけて切り返されたり怒られたりしたらと思うと不安」「慣れていないので、いざというときに対応しきれるか心配」といった接客する側の悩みがあるとしている。国・地域についての言及はないが、インバウンドに占める割合を考えれば、アジアからのインバウンドに関することだと推察できる。

インバウンドに対する苦手意識や不安というのは、相手のことをよく知らないことから生まれる。アジア諸国と欧米諸国とを比べたとき、日本人はどちらについてより多く知っているかといえば、答えは間違いなく欧米諸国である。英語は義務教育で学ぶし、テーブルマナーといえば西洋のものであって、中国や韓国における食事のマナーではない。また、欧米の映画やドラマは数多く上映・放送されるが、アジアの作品は、韓国のものを除き、観る機会がとても少ない。それだけ、アジアの人たちの価値観や現代のライフスタイルを知る機会も少なくなる。

この問題を解決するには、受け入れる企業や地域がアジアの人たちを知る努力をするほかにない。人は自分と異なるものを敬遠したり排除したりしがちであるが、インバウンドを接客するのであればむしろ違いを楽しまなければならない。また、アジアへ旅行し、現地の人たちとの交流を深めることも必要である。相互理解を深め、互いを好きにならなければ、喜ばれる接客はできないし、誘致したインバウンドが定着することもないだろう。

＊＊＊

　日本のインバウンドの動向を整理すると、以下のようになる。第1に、日本のインバウンドは韓国、台湾、中国、香港の四つの国と地域が7割を占めている。

　第2に、インバウンドの総数が増加するなかで、地方を訪れるインバウンドも少しずつ増えてはいるものの、東京、京都、大阪という、いわゆるゴールデンルートのウエートは依然として大きい。

　第3に、アジアからのインバウンドと欧米からのインバウンドとでは、旅行の内容や日本に期待するものに違いがある。例えば、アジアからのインバウンドには、1週間以内の比較的短い期間で、買い物をしたり、有名な観光スポットを巡ったりするモノ消費型の旅行者が多いのに対し、欧米からのインバウンドには、2週間から3週間かけて異文化を楽しむコト消費型の旅行者が多い。また、アジアからのインバウンドには旅行会社が販売するパッケージ商品の利用者も多いが、欧米からのインバウンドはほとんどが個人で旅行の手配をしている。

第4に、インバウンドの多くは、旅行に関する情報収集の手段としてインターネットをよく利用している。ただし、インターネットで何を利用しているかは国や地域によって異なり、個人のブログやSNSが多い国もあれば、口コミサイトが多い国もある。

第5に、訪日旅行に関する満足度は総じて高いものの、欧米からのインバウンドに比べると、アジアからのインバウンドの満足度はやや低い。アジアからのインバウンドに対する接客やサービスに問題があるのかもしれない。

人口の減少によって国内市場の縮小が見込まれる日本経済にとって、インバウンドを受け入れることは経済・社会の活性化に貢献すると期待される。実際、インバウンドの増加とともに、日本の旅行収支、サービス収支は改善傾向にある。インバウンドの数は世界的に増加傾向にあり、特に中国をはじめとする東アジア、東南アジアの伸びは著しい。日本はこれらアジア諸国に近く、今後も日本を訪れるインバウンドは増加する可能性が高い。ただし、インバウンドの誘致に取り組んでいるのは日本だけではない。可能性を確実なものとするには、インバウンドの動向や特徴をふまえた、的確なマーケティングと受け入れ態勢の整備が必要である。

<参考文献>
観光庁（2017）『旅行・観光産業の経済効果に関する調査研究』
国土交通省（2017）「ICT・AIを活用したエリア観光渋滞対策について（資料3）」http://www.mlit.go.jp/road/ir/ir-council/keizai_senryaku/pdf07/3.pdf

村山慶輔（2016）『インバウンドビジネス入門講座　第2版』翔泳社

UNWTO（2017）*Compendium of Tourism Statistics Data 2011-2015 2017 Edition*

第2章

中小企業における
インバウンド受け入れの実態

日本政策金融公庫総合研究所
研究主幹　竹内　英二

第2章◆中小企業におけるインバウンド受け入れの実態

　第2章では、日本政策金融公庫総合研究所が2017年8月に実施した「インバウンドの受け入れに関するアンケート」（以下アンケートという）の結果をもとに、中小企業におけるインバウンド（本章では外国人観光客）受け入れの実態や経営への影響をみていく。アンケートの実施要領は以下のとおりである。

①　調査対象
　日本政策金融公庫国民生活事業および中小企業事業の融資先のうち、小売業、飲食店、宿泊業（旅館・ホテル・簡易宿所）、運輸業（旅客を運送するもの。ただし、個人タクシーは除く）のいずれかを営む企業1万362社。

②　調査方法
　調査票の発送・回収とも郵送による。調査票は無記名。

③　回収数と回収率
　2,304社から回答を得た。回収率は22.2％である。

　なお、インバウンドの受け入れに関する中小企業のデータをできるだけ多く集めるために、インバウンドの来訪が少ないと思われる市町村は調査対象地域から除いた。すなわち、東京都と大阪府は全市区町村を対象としたが、他の44道府県（日本公庫が営業していない沖縄県以外）については対象とする市町村を限定した。具体的には、まず2015年または2015年度における各市町村の観光入り込み客数（日本人を含む）を道府県ごとに合計し、その合計に占める割

89

合が80％に達するまで、観光入り込み客数が多い順に市町村を選び出した。全市町村の観光入り込み客数が公表されていない県についても、公表されている範囲で同様の作業を行い、対象とする市町村を選定した。

1　インバウンドの受け入れ状況

（1）　アンケート回答企業の属性

　最初にアンケートに回答した企業の属性を確認しておく。業種構成をみると、「小売業」が61.1％で最も多く、「飲食店」の31.1％、「宿泊業」の4.8％、「運輸業」の3.0％が続いている（表2-1）。次に、従業者数をみると「4人以下」が40.5％で最も多く、「5～9人」が22.1％、「10～19人」が14.0％と、従業者数が多くなるほど構成比は小さくなっている。

　業種別に従業者数をみると、「4人以下」の企業の割合は「小売業」で45.5（回答企業全体の27.8％）、「飲食店」で36.2％（同11.2％）を占めているが、「宿泊業」では25.5％（同1.2％）と少なく、「運輸業」では7.1％（同0.2％）にとどまっている。逆に、従業者数「50人以上」の割合は、「小売業」が4.8％（同3.0％）、「飲食店」が5.6％（同1.7％）と少ないが、「宿泊業」は16.4％（同0.8％）、「運輸業」では41.4％（同1.3％）と多くなっている。小売業や飲食店に比べると、宿泊業と運輸業には規模の大きな企業が多い。

　なお、表2-1では回答企業全体の属性をみるために、従業者数の回答がなかった企業を含めて構成比を算出しているが、以下の集計では無回答を除いて割合を算出していることに留意されたい。

第2章◆中小企業におけるインバウンド受け入れの実態

表2-1　アンケート回答企業の属性

(n=2,304、単位：%)

	4人以下	5〜9人	10〜19人	20〜49人	50人以上	無回答	業種計
小売業	27.8	13.5	8.1	5.6	3.0	3.3	61.1
飲食店	11.2	7.2	4.7	3.1	1.7	3.0	31.1
宿泊業	1.2	1.0	0.9	0.6	0.8	0.3	4.8
運輸業	0.2	0.4	0.3	0.7	1.3	0.2	3.0
従業者規模計	40.5	22.1	14.0	9.9	6.7	6.7	100

（資料）日本政策金融公庫総合研究所「インバウンドの受け入れに関するアンケート」（2017年8月）。以下同じ。

（2）　インバウンドがいる企業の割合

　お客のなかにインバウンドがいると回答した企業の割合をみるとアンケート回答企業全体では47.0％を占めている（図2-1）。業種別にインバウンドがいる企業の割合をみると、「小売業」は37.6％と少ないが、「飲食店」は57.6％、「運輸業」は63.8％と過半を占めており、「宿泊業」では84.4％にもなる。インバウンドの受け入れ状況は業種によって大きく異なっている。

　次に、従業者規模別にインバウンドがいる企業の割合をみると、規模の大きな企業ほど多くなっており、「4人以下」が38.2％、「5〜9人」が47.4％であるのに対し、「20〜49人」では58.7％、「50人以上」は72.2％を占めている（図2-2）。この傾向は業種別にみても変わらず、業種全体ではインバウンドを受け入れている企業の割合が少ない小売業でも、従業者数が「20〜49人」の企業では47.2％が、「50人以上」の企業では55.4％が、それぞれインバウンドがいると回答している。

　なお、インバウンドがいると回答した企業の割合を都道府県別に

91

図2-1　業種別にみたインバウンドの有無

（単位：%）

	インバウンドがいる	インバウンドはいない
全体 (n=2,234)	47.0	53.0
小売業 (n=1,353)	37.6	62.4
飲食店 (n=703)	57.6	42.4
宿泊業 (n=109)	84.4	15.6
運輸業 (n=69)	63.8	36.2

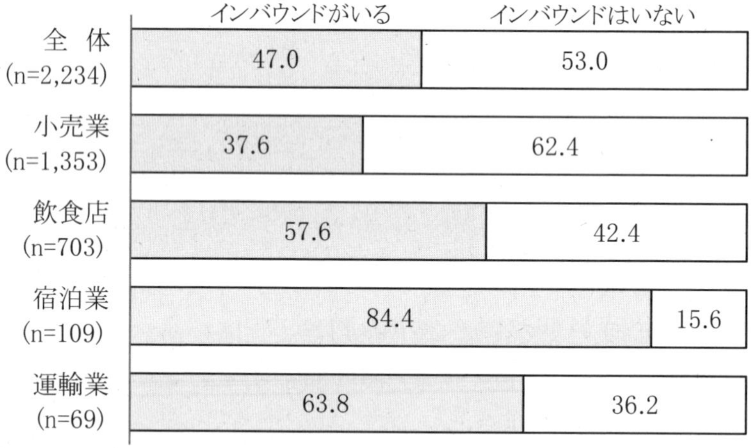

図2-2　従業者規模別にみたインバウンドの有無

（単位：%）

	インバウンドがいる	インバウンドはいない
4人以下 (n=900)	38.2	61.8
5〜9人 (n=496)	47.4	52.6
10〜19人 (n=315)	48.6	51.4
20〜49人 (n=225)	58.7	41.3
50人以上 (n=151)	72.2	27.8

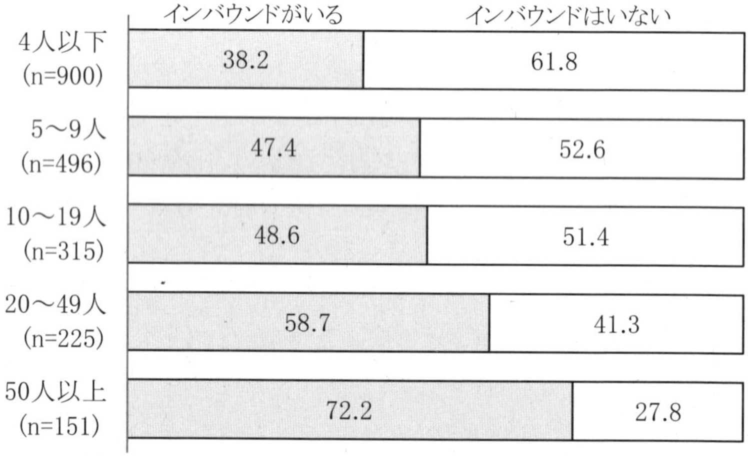

第2章◆中小企業におけるインバウンド受け入れの実態

みると、岐阜県や京都府では70％を超えているのに対し、茨城県、島根県、愛媛県では30％を下回っている。また、すべての市区町村を対象とした東京都は54.4％、大阪府は50.2％と全体をいくらか上回る程度にとどまっている。回答数が少ない県もあるので数値の大小は参考にすぎないが、インバウンドの来訪状況は地域によって差のあることがアンケート結果からも読み取れる。

（3）　インバウンドの数

　お客のなかにインバウンドがいると回答した企業について、1カ月に何人のインバウンドが訪れているのかをみると、全体では「19人以下」が68.0％を占めており、「100人以上」は10.3％と少ない（図2-3）。インバウンドがいるとはいっても、多くのインバウンドが訪れる企業は少数に限られているのである。

　業種別に1カ月当たりのインバウンド数をみると、「19人以下」の割合は「小売業」と「飲食店」で70％を超えているが、「宿泊業」は46.9％、「運輸業」は42.5％と少ない。「宿泊業」と「運輸業」では比較的多くのインバウンドを受け入れている企業の割合が多く、特に「宿泊業」では「100人以上」の企業が24.7％を占めている。「小売業」や「飲食店」に比べて「宿泊業」や「運輸業」はインバウンドの増加から、より多くの影響を受けていると推測できる。

　1カ月当たりのインバウンド数を従業者規模別にみると、「19人以下」の割合は規模が大きいほど少なく、「100人以上」の割合は規模が大きいほど多くなっている（図2-4）。業種全体としては受け入れているインバウンド数の少ない企業が多い「小売業」や「飲食店」でも、従業者数が「50人以上」の企業に限れば、1カ月当たりのイン

93

図2-3 業種別にみた1カ月当たりのインバウンド数

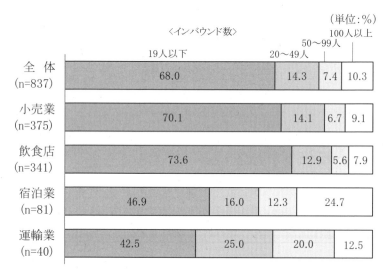

図2-4 従業者規模別にみた1カ月当たりのインバウンド数

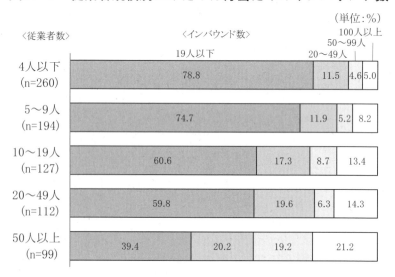

バウンド数が「100人以上」とする企業の割合は、それぞれ21.9％、21.4％を占める。

　一般に、従業者数の多い企業ほど、店舗面積が広かったり、収容人数や車両の保有台数が多かったりするので、規模の大きな企業ほどインバウンド数が多くなるのは当然であろう。特に団体客は、業種にかかわらず、規模の大きな企業に集中するはずである。インバウンドの獲得は規模の大きな企業に有利に思える。しかし、家族経営の旅館や飲食店であっても、個人の旅行客を対象にインバウンドを数多く受け入れている例もあるので、一概に小規模な企業が不利だというわけではない。

（4）　インバウンドの属性

　日本におけるインバウンドのおよそ7割は、中国、韓国、台湾、香港の人たちであるが、アンケートでインバウンドがいると回答した企業ではどうであろうか。もっとも、宿泊者名簿に国籍や旅券番号を記載しなければならない宿泊業を除けば、インバウンドの国籍に関する回答は正確さに欠ける。英語を話す白人は米国、中国語を話すアジア人は中国と回答しているかもしれないからである。この点に注意したうえで、インバウンドの国籍をみると、中国が67.4％で最も多く、台湾、韓国、米国と続いている（図2-5）。日本全体の傾向とそれほど大きな差はない。

　次に、インバウンドの旅行形態をみると、回答企業全体では「団体旅行」が13.6％、「個人旅行」が48.2％、「わからない」が38.3％となっている（図2-6）。業種別に旅行形態をみると、「宿泊業」では「個人旅行」が85.4％を占めていること、「運輸業」では「団体

図2-5 インバウンドの国籍

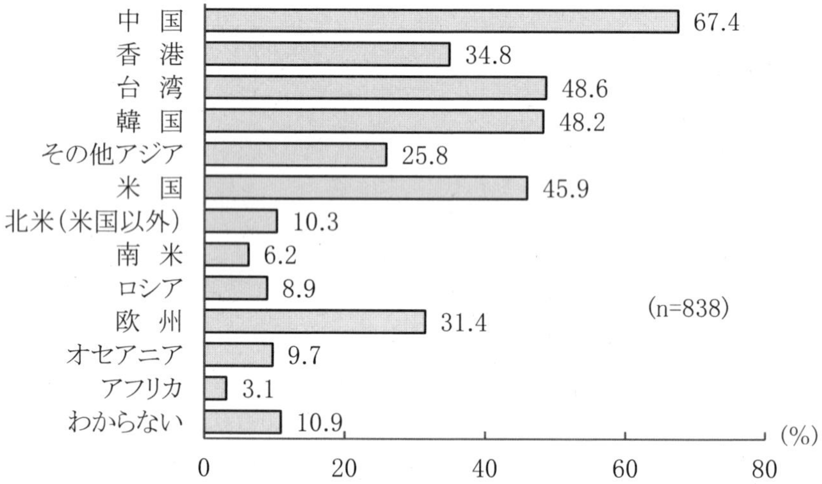

国籍	%
中国	67.4
香港	34.8
台湾	48.6
韓国	48.2
その他アジア	25.8
米国	45.9
北米(米国以外)	10.3
南米	6.2
ロシア	8.9
欧州	31.4
オセアニア	9.7
アフリカ	3.1
わからない	10.9

(n=838)

図2-6 業種別にみたインバウンドの旅行形態

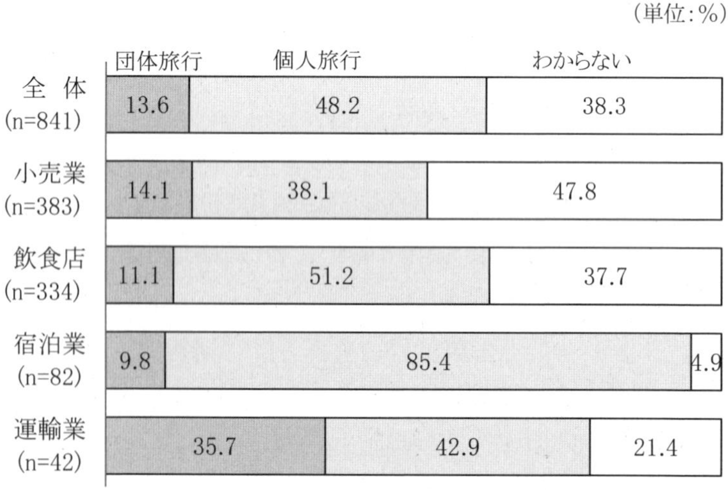

(単位:%)

業種	団体旅行	個人旅行	わからない
全体 (n=841)	13.6	48.2	38.3
小売業 (n=383)	14.1	38.1	47.8
飲食店 (n=334)	11.1	51.2	37.7
宿泊業 (n=82)	9.8	85.4	4.9
運輸業 (n=42)	35.7	42.9	21.4

図2-7 初めての客とリピーターのどちらが多いか

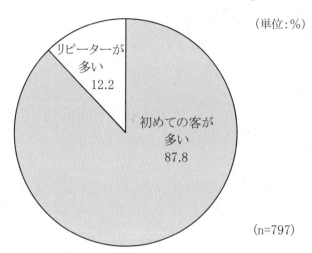

旅行」が35.7％を占めていることが特徴的である。

「小売業」や「飲食店」でも、「個人旅行」を回答した企業の割合が「団体旅行」を回答した企業の割合を上回っているが、「わからない」と回答した企業の割合も多い。団体旅行のインバウンドであっても自由行動中に少人数で来店した場合は、団体旅行なのか個人旅行なのか区別できないし、区別する必要もないからである。

また、インバウンドの旅行形態を従業者規模別にみると、「50人以上」の企業では「団体旅行」の割合が24.0％と多いものの、これより従業者数が少ない企業では明確な傾向がみられない。

最後に、インバウンドについて初めての客とリピーターのどちらが多いかをみると87.8％の企業が「初めての客が多い」と回答している（図2-7）。これは業種別や従業者規模別にみても変わらない。

2 経営への影響

（1） 売り上げに占めるインバウンドの割合

　本節では、インバウンドを受け入れることによる経営への影響を
みていく。まず、売り上げに占めるインバウンドの割合をみると、
インバウンドがいると回答した企業全体では、「1％未満」が68.4％
を占めている（図2-8）。1カ月当たりのインバウンド数が「19人以
下」という企業が68.0％を占めるだけに、売り上げに占める割合も
ごく小さい企業が多い。

　ただし、「6～10％」が6.8％、「11％以上」も7.7％を占めており、
インバウンドの比率が高い企業も少なくない。特に「宿泊業」と「運
輸業」では、「11％以上」という企業が、それぞれ20.4％、12.5％を
占めている。また、図には示していないが「51％以上」と回答した
企業もそれぞれ12.0％、7.5％あり、インバウンドなしには経営が成
り立たないといっても過言ではない企業もある。

（2） 売上高と採算の動向

　インバウンドの有無別に最近3年間の売上高の傾向をみると、「増
加傾向」とする企業の割合は「インバウンドがいる」企業のほうが
多く、「減少傾向」とする企業の割合は「インバウンドがいない」企
業のほうが多い（図2-9）。ただし、どちらの場合も「減少傾向」と
する企業の割合が「増加傾向」とする企業の割合を上回っている点
は同じである。

　「インバウンドがいる」企業について、1カ月当たりのインバウン

図2-8 業種別にみた売り上げに占めるインバウンドの割合

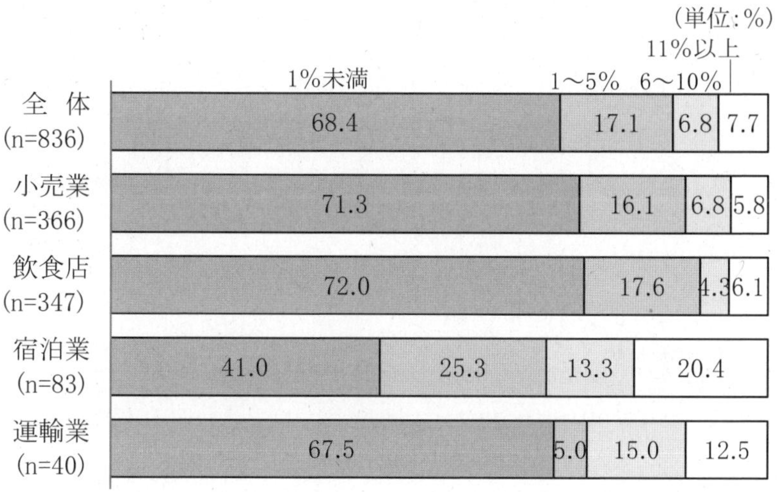

(単位:%)

	1%未満	1～5%	6～10%	11%以上
全体 (n=836)	68.4	17.1	6.8	7.7
小売業 (n=366)	71.3	16.1	6.8	5.8
飲食店 (n=347)	72.0	17.6	4.3	6.1
宿泊業 (n=83)	41.0	25.3	13.3	20.4
運輸業 (n=40)	67.5	5.0	15.0	12.5

図2-9 インバウンドの有無別、1カ月当たりのインバウンド数別にみた最近3年間の売上高の傾向

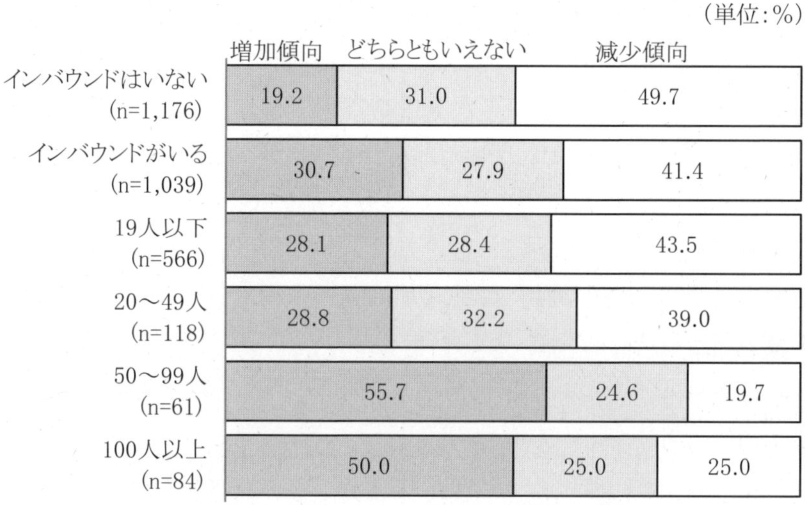

(単位:%)

	増加傾向	どちらともいえない	減少傾向
インバウンドはいない (n=1,176)	19.2	31.0	49.7
インバウンドがいる (n=1,039)	30.7	27.9	41.4
19人以下 (n=566)	28.1	28.4	43.5
20～49人 (n=118)	28.8	32.2	39.0
50～99人 (n=61)	55.7	24.6	19.7
100人以上 (n=84)	50.0	25.0	25.0

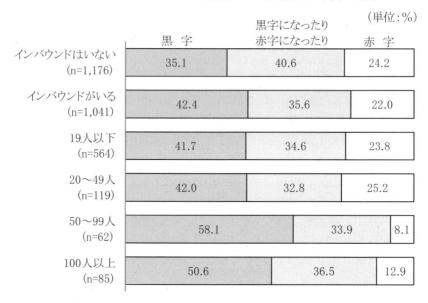

図2-10 インバウンドの有無別、1カ月当たりの
インバウンド数別にみた最近3年間の採算

ド数別に売上高の傾向をみると、「19人以下」と「20〜49人」の企業では、「減少傾向」とする企業の割合が「増加傾向」とする企業の割合を上回っているが、「50〜99人」と「100人以上」の企業では「増加傾向」とする企業の割合がどちらも5割を超え、「減少傾向」とする企業の割合を上回っている。

同様に最近3年間の採算についてみると、「赤字」とする企業の割合は「インバウンドがいる」企業も「インバウンドがいない」企業も大差ないが、「黒字」とする企業の割合は「インバウンドがいる」企業のほうが多い（図2-10）。

「インバウンドがいる」企業について、1カ月当たりのインバウン

ド数別に最近3年間の採算をみると、「黒字」とする企業の割合は「19人以下」と「20〜49人」の企業では、それぞれ40％を少し上回る程度であるが、「50〜99人」の企業では58.1％、「100人以上」の企業では50.6％を占めている。また、「赤字」とする企業の割合は「50〜99人」「100人以上」ともに10％前後と少ない。

　最近3年間の売上高と採算の状況をみる限り、「インバウンドがいる」企業の業績は「インバウンドがいない」企業よりも良いといえる。この傾向は月間のインバウンド数が一定数を超えると明確になり、その境界は50人から99人の間にあると考えられる。そこで次節からは、「インバウンドがいる」企業を1カ月当たりのインバウンド数が「1〜49人」の企業と「50人以上」の企業とに分けて分析していく。

3　インバウンドが多く集まる企業の特徴

　本節では、1カ月当たりのインバウンド数が「50人以上」である企業の特徴を、インバウンド数が「1〜49人」の企業や「0人」の企業（「インバウンドがいない」企業）と比較しながら探っていく。その際、近年旅行業界でよく使われている「旅マエ、旅ナカ、旅アト」というインバウンド・マーケティングの視点を取り入れる。これは旅行の段階ごとに適切なアプローチを行うことでインバウンドの獲得を図ろうというものである。「旅マエ」とは、どの国に行くか、日本に行ったら何をするかを考える期間を、「旅ナカ」は日本に滞在している期間を、「旅アト」は旅行の余韻が残る帰国して1カ月ほどの期間をそれぞれいう。

101

（1） 旅マエ

　旅マエにおけるインバウンドへのアプローチ方法は、情報発信がすべてである。旅行先として日本を選択してもらうには、国や自治体によるプロモーションが重要だが、日本のどこで何をするかを決めてもらうに当たっては、企業による情報発信も欠かせない。

　情報発信のツールには、ガイドブックや旅行雑誌などアナログのメディアもあるが、インバウンドの多くがパソコンやスマートフォンを使って情報を集めていること、また情報発信のコストがアナログメディアよりも安価であることを考えれば、やはりインターネットの活用が最も重要である。具体的なツールには、ウェブサイト、オンライン広告、SNS（ソーシャル・ネットワーキング・サービス）、動画投稿サイトが挙げられる。

① ウェブサイトの運営

　まず、独自にウェブサイトを運営している企業の割合を1カ月当たりのインバウンド数別にみると、「0人」の企業が50.9％、「1〜49人」の企業では65.1％であるのに対し、「50人以上」の企業では76.9％となっている（図2-11）。

　一般に、独自にウェブサイトを運営している企業の割合は従業者規模が大きいほど多く、今回のアンケートでも従業者数「4人以下」の企業では48.4％であるのに対し、「20〜49人」の企業では71.6％、「50人以上」の企業では77.1％となっている。前掲図2-4で示したように、従業者規模が大きいほど1カ月当たりのインバウンド数が多くなっていることを考慮すると、独自にウェブサイトを運営して

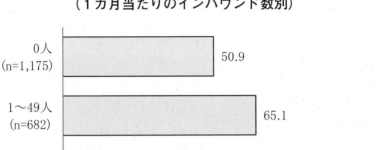

図2-11　独自にウェブサイトを運営している企業の割合
（1カ月当たりのインバウンド数別）

いる企業の割合はインバウンドの数ではなく、企業規模に比例しているだけだとも考えられる。

　しかし、従業者数4人以下の企業に限っても、独自にウェブサイトを運営している企業の割合は、1カ月当たりのインバウンド数が「0人」の企業では45.8％、「1～49人」の企業では50.0％であるのに対し、「50人以上」の企業では76.0％を占めている。したがって、独自にウェブサイトを運営していることとインバウンドの多さとの間には相関があると考えてよいだろう。

　ただし、独自にウェブサイトを運営しているとはいっても、外国語のサイトを運営している企業はそれほど多くない。1カ月当たりのインバウンド数が「0人」の企業はもちろん、「50人以上」の企業でも39.4％にとどまっている（図2-12）。対応している言語も英語が多く、日本のインバウンド市場で多くを占める中国や韓国、台湾

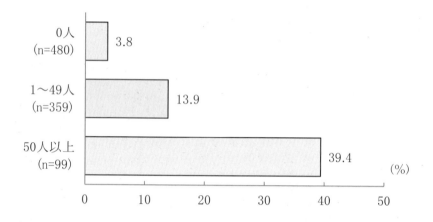

図2-12　外国語のウェブサイトを運営している企業の割合
（1カ月当たりのインバウンド数別）

の言語に対応している企業は少ない。例えば、1カ月当たりのインバウンド数が「50人以上」の企業について独自サイトで対応している外国語をみると、英語は100％の企業が回答しているが、韓国語は23.1％、中国語は簡体字が28.2％、繁体字が46.2％となっている。独自サイトは必ずしもインバウンド向けに運営されているわけではないのである。

　しかし、漢字やローマ字で検索すれば、日本語のサイトであっても検索結果に表示される可能性がある。サイトがみつかれば、Googleなどの翻訳サービスを使って、正確ではないにしてもサイトの概要をつかむことができる。また、日本へのツアーを企画している海外の旅行会社のスタッフや、アニメやマンガなど日本の文化が好きな人のなかには日本語を理解する人も少なくない。近年は、日本の観光情報を独自に多言語で発信するウェブメディアが増えているが、

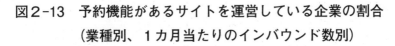

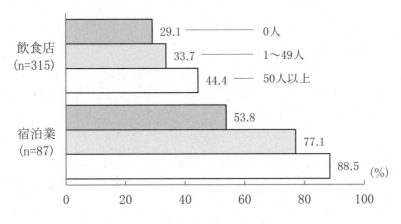

図2-13　予約機能があるサイトを運営している企業の割合
（業種別、1カ月当たりのインバウンド数別）

そうしたメディアが情報を収集する際の役にも立つ。日本語のサイトであっても旅マエの情報発信にはなりえる。

　飲食店や宿泊業の場合、ウェブサイトは予約を受け付ける手段としても利用できる。そこで、飲食店と宿泊業のうち、独自サイトがある企業についてサイトに予約機能がある企業の割合をみてみる。まず、飲食店の場合、予約機能があるサイトを運営している企業の割合は、1カ月当たりのインバウンド数が「0人」の企業では29.1％、「1～49人」の企業では33.7％であるが、「50人以上」の企業では44.4％となっている（図2-13）。

　同様に宿泊業についてみると、1カ月当たりのインバウンド数が「0人」の企業は53.8％、「1～49人」の企業は77.1％、「50人以上」の企業は88.5％となっている。インバウンドに限らず、いまや宿泊の予約をインターネット上で行うことは一般的になりつつある。特

に自分で宿泊先を探す個人旅行者にとって、インターネットで予約できないホテルや旅館は選択肢にはなりにくいだろう。

なお、インターネットへのアクセス手段は、世界的にパソコンからスマートフォンやタブレットに変わりつつある。この傾向には、日本円で１万円前後の、いわゆる格安スマホの登場によって拍車がかかっている。旅マエの情報収集も、パソコンではなくスマートフォンで行う人が増えているはずである。そこで、独自にウェブサイトを運営している企業について、スマートフォン向けのサイトを作成している企業の割合をみると、１カ月当たりのインバウンド数が「０人」の企業では43.9％、「１〜49人」の企業では50.0％、「50人以上」の企業では58.4％となっている。

② 外部サイトの利用

インターネット上の情報発信は、独自のウェブサイトだけではなく、グルメサイトや宿泊予約サイト、あるいは通販サイトを通じて行うこともできる。また、前述したとおり、インバウンド向けのウェブメディアも増えてきている。

そこで、集客や販売のために外部のサイトを利用している企業の割合をみると、１カ月当たりのインバウンド数が「０人」の企業では18.6％、「１〜49人」の企業では34.6％であるのに対し、「50人以上」の企業では49.7％と、ほぼ半数を占めている（図２-14）。

外部サイトを利用している企業の割合を業種別にみると、宿泊業でとりわけ多く、１カ月当たりのインバウンド数が「50人以上」の企業では86.2％、「０人」の企業でも70.6％となっている。宿泊の予約はインターネット上で行われることが多くなっているが、消費者

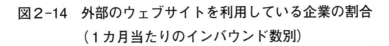

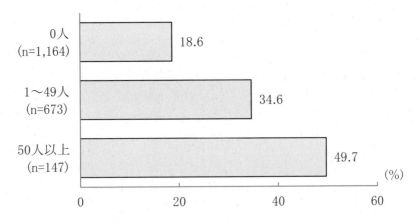

図2-14 外部のウェブサイトを利用している企業の割合
（1カ月当たりのインバウンド数別）

は宿泊施設のサイトで直接予約することもあれば、宿泊予約サイトを通じて行うこともある。宿泊予約サイトを運営する旅行会社には「楽天トラベル」や「じゃらん」といったインターネット専業の旅行会社（OTA：Online Travel Agent）が多いが、従来からある旅行会社も自社のサイトで予約を受け付けるようになってきている。これらの予約サイトを消費者が利用すれば、宿泊施設側は手数料を支払わなければならない。だが、消費者の利便性や、宿泊予約サイトを見た客が自社サイトにアクセスする可能性を考えると、利用しないわけにはいかなくなっている。

　情報発信に利用できる外部サイトには、多言語に対応したものやインバウンド向けに特化したもの、また海外の企業がグローバルに運営するものも少なくない。例えば、グルメサイトの「ぐるなび」は、英語、韓国語、中国語（簡体字、繁体字）、タイ語で表示できる

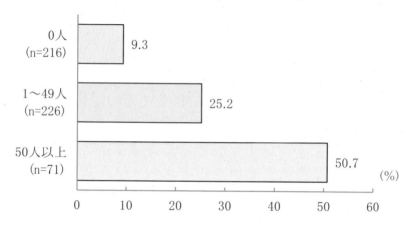

図2-15 海外向けの外部サイトを利用している企業の割合
（1カ月当たりのインバウンド数別）

し、OTAのじゃらんは、この5カ国語に加えてインドネシア語とマレー語にも対応している。また、OTAにはBooking.com（本社オランダ）やExpedia（同シンガポール）など世界やアジアで広く利用されているものがある。

　そこで、外部サイトを利用している企業のうち、海外向けのサイトを利用している企業の割合をみると、1カ月当たりのインバウンド数が「0人」の企業は9.3％、「1～49人」の企業は25.2％であるのに対し、「50人以上」の企業では50.7％を占めている（図2-15）。海外向けの外部サイトを利用している企業の割合を業種別にみるといずれも1カ月当たりのインバウンド数が多いほど、利用の割合も多くなっている。特に宿泊業では、1カ月当たりのインバウンド数が「0人」の企業では16.7％であるのに対し、「50人以上」の企業では91.7％を占めている。宿泊業がインバウンドを獲得しようとす

第2章◆中小企業におけるインバウンド受け入れの実態

れば、グローバルに展開しているOTAを利用することが欠かせないのである。

　なお、自社サイトや外部サイトを使った情報発信は旅マエだけではなく、旅ナカの情報発信にもなる。飲食店は来日後に探すことのほうが多いだろうし、宿泊施設も長期の旅行者のなかには来日後に探す人が少なくないからである。

③　オンライン広告の出稿
　自社サイトがあっても、Googleなどで検索した結果の上位に表示されない限り、多くの人に見てもらうことは期待できない。しかし、無数のウェブサイトがある現在、検索結果の上位に表示させることは容易ではない。そこで、大企業でもオンライン広告を出して自社サイトに誘導している。旅マエの情報発信においてもオンライン広告は重要なツールだと思われる。

　ところが、オンライン広告を利用している企業の割合はあまり多くない。自社サイトがある企業に限ってみても、1カ月当たりのインバウンド数が「0人」の企業では16.4％、「1～49人」の企業では22.9％、「50人以上」の企業でも29.7％にとどまっている（図2-16）。業種別にみると、小売業や飲食店、運輸業は、それぞれの業種全体で19％前後であるが、宿泊業ではオンライン広告を利用している企業がやや多く、全体で33.3％となっている。宿泊業について、1カ月当たりのインバウンド数別にみると、「0人」の企業が23.1％、「1～49人」の企業が29.2％、「50人以上」の企業では46.2％を占めている。宿泊業ではオンライン予約が一般化しているため、広告の必要性も効果も、ほかの業種より高いのだろう。なお、オンライン広告を利用

109

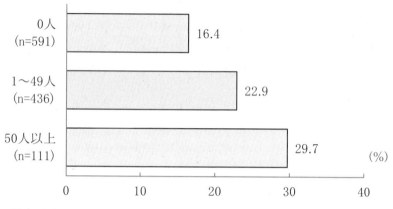

図2-16 オンライン広告を利用している企業の割合
（1カ月当たりのインバウンド数別）

（注）自社サイトを運営している企業についての集計である。

している企業のうち、海外向けに広告を出している企業は、アンケート回答企業全体でも16社しかなかった。

④ SNS・動画投稿サイトの利用

近年は、旅マエの情報収集をガイドブックや企業・行政のウェブサイトではなく、ブログやFacebook（フェイスブック）、Twitter（ツイッター）、Instagram（インスタグラム）といったSNSで行う人が増えている[1]。

例えば、観光庁の「訪日外国人消費動向調査（2017年）」により、旅マエの情報源として役立ったものをみると、日本政府観光局のウェ

---

1 SNSにブログを含まないこともある。

ブサイトが13.3％、旅行ガイドブックが14.6％であるのに対し、個人のブログは31.2％で最も多く、ブログ以外のSNSが21.4％となっている（複数回答）。SNSで書かれている内容は、個人の感想や印象にすぎないものも多いが、投稿者自身の体験に基づいて書かれているため、フォーマルなメディアが取り上げない情報が得られることもまた多い。さらに、投稿にコメントしたり返信したりして、投稿者と直接コミュニケーションをとれることもSNSで情報収集する際の利点として挙げられる。

　SNSと並んで広く利用されているインターネットサービスには、YouTubeやDailymotionといった動画投稿（共有）サイトもある。YouTubeのサイトによると、YouTubeの利用者数はインターネット人口の３分の１、世界全体で10億人を超えるという。いまや動画投稿サイトはグローバルな情報発信・収集のツールとなっており、自治体が観光案内の動画を投稿したり、企業が店舗やサービスの紹介動画を投稿したりする例も増えている。

　ちなみに、中国は国外のインターネットサービスの多くを禁止しており、SNSも中国独自のものが利用されている。例えば、Facebookに相当するサービスには「人人网（レンレンワン）」、Twitterには「微博（ウェイボー）」、Instagramには「美図秀秀（メイツーシュシュ）」、動画投稿サイトには「优酷（ユーク）」がある。また、家族や友人との連絡手段として日本や香港などで広く使われているスマートフォンのアプリ、LINEも中国では使えず、その代わりに「微信（ウェイシン）」が利用されている。SNSを使って中国向けに情報を発信するのであれば、これら中国独自のサービスを使う必要がある。

　アンケートで、集客や宣伝のためにSNSや動画投稿サイトを利用

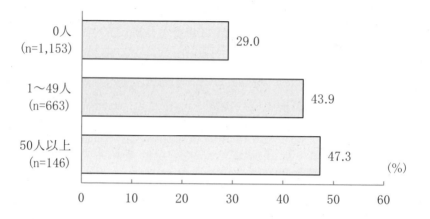

図2-17 SNS・動画投稿サイトを利用している企業の割合
（1カ月当たりのインバウンド数別）

している企業の割合をみると、1カ月当たりのインバウンド数が「0人」の企業で29.0％、「1〜49人」の企業で43.9％、「50人以上」の企業では47.3％となっている（図2-17）。インバウンドの数よりも、インバウンドがいるかいないかで差がある。

　業種別にSNS・動画投稿サイトを利用している企業の割合をみると、宿泊業で多く、1カ月当たりのインバウンド数が「0人」の企業で35.3％、「1〜49人」の企業で49.0％、「50人以上」の企業では62.1％となっている。なお、従業者規模別にSNSや動画投稿サイトを利用している企業の割合をみても、統計学的に有意な差はなく、規模の大きな企業ほどSNSや動画投稿サイトを利用しているということはない。本格的な動画を作成する場合は別だが、SNSは一人で始めることができ、費用もほとんどかからないので、資金や人手の制約を受けにくいためであろう。

SNS・動画投稿サイトを利用している企業のうち、海外向けに発信している企業の割合をみると、1カ月当たりのインバウンド数が「0人」の企業では9.1％とごく少ないが、「1～49人」の企業でも15.5％、「50人以上」でも38.8％にとどまっている。外国語でコミュニケーションをとらなければならないSNSは、中小企業にとってもハードルが高いのであろう。

ただし、ウェブサイトと同様に、日本語で書かれたSNSであっても外国人の目に留まる可能性は小さくない。とりわけ写真を投稿するSNSや動画投稿サイトの場合は、言語の違いが必ずしも障害にはならないので、国内向けか海外向けかという区別もあまりない。例えば、Instagramで「#fujisan」と検索すると、日本人が投稿したか外国人が投稿したかの別なく、富士山に関連した写真が表示される。広告効果が期待できるため、最近では、Instagram に写真を投稿する際には、会社名や商品名にハッシュタグ（#）をつけてくださいという文書を掲示している店舗も見受けられる。

⑤　第三者によるインターネット上の紹介

旅マエの情報収集手段としてSNSが広く利用されていることから容易に推測できることであるが、自らウェブサイトやオンライン広告を通じて情報を発信するだけではなく、第三者が運営するウェブサイトやSNS、動画投稿サイトで紹介されることが、インバウンドの獲得に大きく影響する。近年は、インターネット上で情報を発信し、現実世界における消費者の購買行動に影響力をもつインフルエンサー、例えば多くの読者をもつパワーブロガー（アルファブロガー）や多くのフォロワーをもつInstagramの投稿者に取り上げて

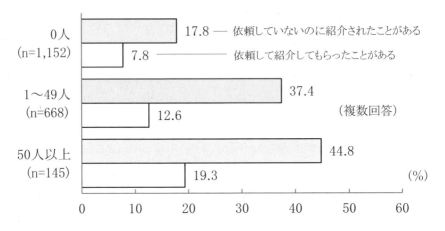

図2-18 第三者のウェブサイトやSNS・動画投稿サイトで紹介されたことがある企業の割合（1カ月当たりのインバウンド数別）

（注）紹介されたことがあるか「わからない」と回答した企業が、「0人」で33.2％、「1～49人」で32.3％、「50人以上」で26.9％ある。

もらい、商品やサービスの宣伝を行うインフルエンサー・マーケティングが広がっているが、インバウンド市場でも、韓国や台湾で人気のあるブロガーに記事を書いてもらい、外国人旅行客の獲得につなげている自治体や企業がある。

　アンケートで、第三者が運営するウェブサイトやSNS、動画投稿サイトで紹介されたことがあるかどうかをみると、まず「依頼していないのに紹介されたことがある」という企業の割合は、1カ月当たりのインバウンド数が「0人」の企業では17.8％、「1～49人」の企業では37.4％、「50人以上」の企業では44.8％となっている（図2-18）。また、「依頼して紹介してもらったことがある」企業の

第2章◆中小企業におけるインバウンド受け入れの実態

割合をみると、1カ月当たりのインバウンド数が「0人」の企業では7.8％、「1～49人」の企業では12.6％、「50人以上」の企業では19.3％となっている。

さらに、第三者のウェブサイトやSNS、動画投稿サイトで紹介されたことがあるという企業について、紹介されたサイトやSNS、動画投稿サイトが海外向けのものである企業の割合をみると、「0人」は6.1％、「1～49人」は13.4％であるが、「50人以上」は41.0％となっている。インバウンドを数多く獲得するには、外国人による口コミがやはり効果的である。

⑥　その他の情報発信

旅マエにできる情報発信の手段は、インターネット上にあるものだけではない。例えば、観光ガイドブックに掲載してもらう方法がある。アンケートで、店舗や施設、商品などが現在発行されている観光ガイドブックに掲載されているという企業の割合をみると、1カ月当たりのインバウンド数が「0人」の企業では9.2％、「1～49人」の企業では28.8％であるのに対し、「50人以上」の企業では53.4％となっている（図2-19）。

観光ガイドブックに掲載されているといっても、たんなる広告もあれば、取材を受けて掲載された記事もあるし、記事の体裁を取った広告もあるが、インバウンド数が多い企業では観光ガイドブックを通じた情報発信に積極的な企業が多いようである。

観光ガイドブックに掲載されている企業について、海外向けのガイドブックに掲載されている企業の割合をみると、1カ月当たりのインバウンド数が「0人」の企業は1.9％、「1～49人」の企業は13.7％

115

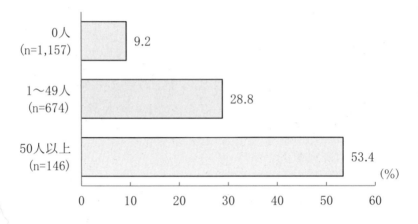

図2-19 観光ガイドブックに掲載されている企業の割合
（１カ月当たりのインバウンド数別）

（注）掲載されているか「わからない」と回答した企業が「0人」で21.7％、「1～49人」で27.9％、「50人以上」では17.1％ある。

であるのに対し、「50人以上」の企業では46.7％となっている。当然ながら、インバウンドを多く集客するなら海外の観光ガイドブックに掲載してもらったほうがよい。ただし、欧米を中心に世界で広く利用されている『Lonely Planet』は、直接取材した記事しか掲載しない。だからこそ、情報が正確で、一般のガイドブックには掲載されていないレストランや観光スポットも紹介されていると旅行者から信頼されている。『Lonely Planet』で取り上げられるとインバウンドが何倍にも増えるといわれるが、掲載へのハードルは高い。

インターネットによらない情報発信としては旅行会社を経由する方法もある。アンケートで、旅行博や旅行相談会に参加して旅行会社に単独または共同でセールスしている企業の割合をみると、1カ月

図2-20 旅行会社の企画旅行に組み込まれている企業の割合（1カ月当たりのインバウンド数別）

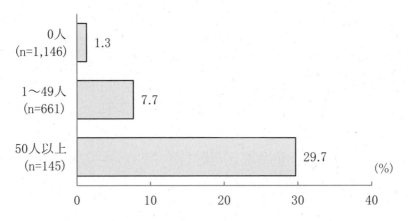

当たりのインバウンド数が「0人」の企業で0.3％、「1～49人」の企業で3.4％となっているが、「50人以上」の企業では17.1％となっている。旅行会社にセールスしてまでインバウンドを獲得しようという企業は多くない。ただし、宿泊業の「50人以上」の企業は半数が旅行会社に対してセールスを行っている。

旅行会社が企画するツアーやパック旅行に組み込まれている企業の割合をみても、1カ月当たりのインバウンド数が「0人」の企業で1.3％、「1～49人」の企業で7.7％、「50人以上」の企業でも29.7％となっている（図2-20）。この割合は業種によって大きな差があり、小売業では1カ月当たりのインバウンド数が「50人以上」の企業でも10.5％であるが、宿泊業は「1～49人」の企業で44.0％、「50人以上」の企業で51.7％、運輸業も「50人以上」の企業で69.2％をそれぞれ占めている。

日本の旅行会社が企画するツアーやパック旅行は、来日後に参加することもできるので必ずしも旅マエの情報発信であるとは限らない。そこで、旅行会社が企画する旅行に組み込まれているとする企業について、その旅行会社が海外の企業である割合をみると、1カ月当たりのインバウンド数が「0人」の企業で7.1％、「1～49人」の企業で18.0％、「50人以上」の企業で43.9％となっている。「50人以上」の企業で多くなってはいるが、そもそも海外の旅行会社が企画するツアーやパック旅行に組み込まれているとする企業は、アンケートに回答した企業全体で31社と少ない。

⑦　回帰分析による確認
　以下では、旅マエの情報発信の手法とインバウンドとの関係を2項ロジスティック回帰分析によって確認する。分析はインバウンドの有無（モデル1）と、1カ月当たりのインバウンド数が50人以上であるか否か（モデル2）との2通りについて行った。

＜被説明変数＞
モデル1
お客のなかにインバウンドがいる場合を「1」、いない場合を「0」とするダミー変数

モデル2
1カ月当たりのインバウンド数が「50人以上」であるものを「1」、「0人」または「1～49人」であるものを「0」とするダミー変数

<説明変数>
・自社のウェブサイトを運営している
・外部のウェブサイトを利用している
・オンライン広告を利用している
・SNSや動画投稿サイトを利用している
・第三者のウェブサイト等で紹介されたことがある
・観光ガイドブックに掲載されている
・業種（飲食店、宿泊業、運輸業。小売業は参照業種）
　それぞれ、該当する場合を「1」、該当しない場合を「0」とする
　ダミー変数
・従業者数（対数）

　なお、外国語に対応したサイトを運営しているといったことも変数に加えるべきであるが、十分な回答数がないため、モデルには組み込まなかった。また、業種と企業規模の影響をコントロールするため、業種ダミーと従業者数（対数）を変数に入れた。
　分析の結果は次のとおりである。まず、モデル1であるが、説明変数の偏回帰係数の符合はすべて正で、「SNSや動画投稿サイトを利用している」を除き、1％または5％水準で有意となった（表2-2）。すなわち、SNSや動画投稿サイトを除き、日本語であっても情報発信を行っている企業ほど、お客のなかにインバウンドがいる確率が高くなる。
　モデル2については、「自社のウェブサイトを運営している」「オンライン広告を利用している」「SNSや動画投稿サイトを利用している」の3変数を除いて、旅マエの情報発信との相関が認められた

119

表2-2　旅マエの情報発信に関する回帰分析の結果（モデル1）

被説明変数:お客のなかにインバウンドが「いる」=1、同「いない」=0		
説明変数	偏回帰係数	有意確率
自社のウェブサイトを運営している	0.24	0.04
外部のウェブサイトを利用している	0.35	0.00
オンライン広告を利用している	0.32	0.03
SNSや動画投稿サイトを利用している	0.08	0.52
第三者のウェブサイト等で紹介されたことがある	0.63	0.00
観光ガイドブックに掲載されている	0.83	0.00
飲食店	0.66	0.00
宿泊業	1.40	0.00
運輸業	0.87	0.00
従業者数(対数)	0.22	0.00

（表2-3）。特に、「第三者のウェブサイト等で紹介されたことがある」と
「観光ガイドブックに掲載されている」は、他の変数よりも係数の
値が大きい。

　以上をまとめると、旅マエの情報発信を行っている企業はインバ
ウンドを獲得しやすいが、ただ情報を発信しているというだけでは
多くのインバウンドを集めることはできない。特にSNSは誰でも簡
単に始められるだけに、情報発信の頻度や質が鍵を握る。実際、ブ
ログやFacebook、Twitterのアカウントをもってはいても、最後の投
稿が数年前という企業は少なくない。これでは情報発信にはならな
い。回帰分析の結果、「SNSや動画投稿サイトを利用している」こと
がまったく有意にならなかったのは、アカウントをもっているだけ
の企業が多いためであろう。

　一方、「第三者のウェブサイト等で紹介されたことがある」や「観
光ガイドブックに掲載されている」は、どちらのモデルでも有意と

第2章◆中小企業におけるインバウンド受け入れの実態

表2-3　旅マエの情報発信に関する回帰分析の結果（モデル2）

被説明変数：1カ月当たりのインバウンド数が「50人以上」=1、同「49人以下」=0		
説明変数	偏回帰係数	有意確率
自社のウェブサイトを運営している	0.23	0.35
外部のウェブサイトを利用している	0.38	0.08
オンライン広告を利用している	-0.16	0.54
SNSや動画投稿サイトを利用している	0.06	0.80
第三者のウェブサイト等で紹介されたことがある	0.81	0.00
観光ガイドブックに掲載されている	1.00	0.00
飲食店	0.02	0.92
宿泊業	0.79	0.02
運輸業	0.88	0.03
従業者数（対数）	0.51	0.00

なっている。これは、第三者が伝える情報は企業が自ら発信する情報よりも信頼されやすいことを示している。取り上げてもらえるだけの魅力がある商品やサービスを提供することが前提となるが、消費者にSNSでの投稿を促すよう仕掛けたり、ウェブメディアに積極的に露出したりすることが重要である。

121

事例1
旅マエの情報発信─㈲伊豆

　東京都台東区の㈲伊豆（飯田實社長）が経営する「上野NEW伊豆ホテル」は、総部屋数48室のビジネスホテルである。1951年の創業以来、日本人を対象としてきたが、2001年の日韓サッカーワールドカップを機に外国人が宿泊するようになった。その当時、客室稼働率は60％ほどに落ち込んでいたが、インバウンドの増加とともに上昇し、宿泊客の4分の3を外国人客が占める現在では90％を維持している。

　インバウンドの主力はタイ人である。10年ほど前からタイ人が増えはじめ、彼らが帰国後に日本旅行関連のコミュニティサイトに投稿したのがきっかけで、タイで評判となった。タイの旅行メディアから取材されたこともある。同ホテルに宿泊するタイ人の多くは、インターネット上の口コミを見て訪れる。

　タイ人が多いことから、同社のウェブサイトは英語だけではなくタイ語でも制作されている。タイ語のページは、タイ在住の日本人に書いてもらい、その妻のタイ人にチェックしてもらった。タイでの口コミ評価の高さからタイ人客はいちだんと増えた。タイ人は家族旅行が多く、洋室とちがって家族全員で泊まることができる和室が13室あること、一階にコンビニがあることも、タイ人からの人気を支えている。和室は、売り出すとすぐに予約で埋まるという。

　タイのほかに、台湾、オーストラリア、イタリアからの団体客も多いが、その多くは同ホテルのサイトで予約する。OTAでも売り出してはいるが、手数料がかかることもあり、自社サイトのほうを安価にするなどして、自社サイトで予約するように誘導している。

（2）　旅ナカ

　来日後の期間である旅ナカにおいても情報発信は欠かせないが、ここではインバウンドの受け入れ態勢についてみていく。具体的には、外国語への対応、フリーペーパーの利用、キャッシュレス決済への対応、Wi-Fiスポットの提供、宗教・主義への配慮、インバウンド向け商品・サービスの開発である。

①　外国語への対応

　まず、外国語の商品説明やポップ、メニュー、パンフレットなどがある企業の割合をみると、1カ月当たりのインバウンド数が「0人」の企業では2.2％、「1〜49人」の企業で25.9％であるのに対し、「50人以上」の企業では68.0％となっている（図2-21）。

　業種別に外国語の商品説明等がある企業の割合をみると、小売業は全体では7.6％と少ないが、1カ月当たりのインバウンド数が「50人以上」の企業に限ると、57.6％を占める。飲食店も全体では21.2％であるが、1カ月当たりのインバウンド数が「50人以上」の企業に限れば80.4％になる。運輸業は全体では20.0％で、インバウンド数別にみても大差はない。宿泊業は全体でも49.5％と多いが、1カ月当たりのインバウンド数が「50人以上」の企業に限れば93.1％を占める。宿泊業の場合、宿泊約款をはじめ、風呂やトイレの使い方、浴衣の着方など説明が必要なことが多いので、インバウンドが増えてくれば外国語の説明が欠かせなくなる。

　もっとも、外国語の商品説明等があるといっても、ほとんどは英語であり、1カ月当たりのインバウンド数が「50人以上」の企業で

123

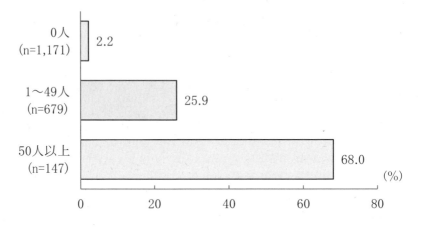

図2-21 外国語の商品説明等がある企業の割合
（1カ月当たりのインバウンド数別）

も中国語の簡体字や繁体字、韓国語に対応している企業の割合は、それぞれ23.0％、39.0％、28.0％にとどまっている。

　次に、経営者自身を含めて外国語を話せる従業員がいる企業の割合をみると、1カ月当たりのインバウンド数が「0人」の企業では16.5％、「1～49人」の企業では33.1％であるのに対し、「50人以上」の企業では59.2％を占めている（図2-22）。業種別にみると、小売業は全体で22.2％であるが、1カ月当たりのインバウンド数が「50人以上」の企業では54.2％を占める。飲食店も全体では26.5％にとどまるが、1カ月当たりのインバウンド数が「50人以上」の企業では58.7％を占めている。運輸業は全体では21.7％で、1カ月当たりのインバウンド数が「0人」の企業で8.0％と少ない。宿泊業は全体でも47.7％と多いが、1カ月当たりのインバウンド数が「50人以上」の企業では86.2％を占めている。商品説明等と同様に、宿泊業では

図2-22 外国語を話せる従業員（経営者を含む）がいる企業の割合
（1カ月当たりのインバウンド数別）

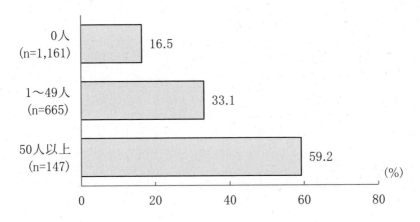

　フロント業務をはじめ、さまざまな場面で外国語が必要になるからであろう。
　外国語を話せる従業員がいる企業について、対応できる言語をみると、1カ月当たりのインバウンド数にかかわらず、英語を回答した企業が9割程度を占めている。他の言語に対応できる企業は少ないが、1カ月当たりのインバウンド数が「50人以上」の企業では中国語を回答した企業が43.7％ある。
　インバウンドを受け入れるために外国語を話せる従業員を採用したとする企業は1カ月当たりのインバウンド数が「0人」の企業で1.6％、「1～49人」の企業で6.5％と少ないが、「50人以上」の企業では27.6％とやや多くなっている。さらに、外国語を話せる従業員を採用した企業のうち、1カ月当たりのインバウンド数が「50人以上」の企業では、外国人を雇用したとする企業が56.3％を占めてい

る。英語や日本語を話せない中国や台湾からのインバウンドに対応するために、中国人や台湾人を採用したものと思われる。

② フリーペーパーの利用

　フリーペーパーとは、無料で配布される雑誌や新聞、パンフレットなどのことで、読み物や広告、クーポンなどが掲載されている。インバウンド向けのフリーペーパーも多く、日本に向かう飛行機のなかや空港、観光案内所、ホテルなど、さまざまな場所で配布されている。旅ナカのインバウンドにとって手軽な情報収集の手段であり、フリーペーパーを片手にレストランや小売店を訪れるインバウンドも少なくない。

　まず、アンケートで観光客向けのフリーペーパーを利用している企業の割合をみると、1カ月当たりのインバウンド数が「0人」の企業で3.6％、「1〜49人」の企業で13.3％、「50人以上」の企業で21.8％とあまり多くない（図2-23）。業種別にみると、1カ月当たりのインバウンド数が「50人以上」の飲食店では32.6％の企業がフリーペーパーを利用している。また、宿泊業も1カ月当たりのインバウンド数が「50人以上」の企業で27.6％を占めるなど、比較的フリーペーパーを利用している企業が多い。

　フリーペーパーを利用している企業のうち、外国人向けのフリーペーパーを利用している企業の割合をみると、1カ月当たりのインバウンド数が「0人」の企業では2.4％、「1〜49人」の企業では16.9％であるが、「50人以上」の企業では43.7％と多くなっている。ただし、外国人向けのフリーペーパーを利用している企業は全部で32社しかない。フリーペーパーに広告やクーポンを掲載するには費用が

図2-23　観光客向けフリーペーパーを利用している企業の割合
（１カ月当たりのインバウンド数別）

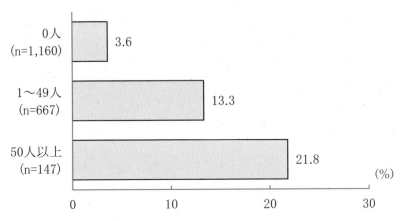

かかり、発行部数が多いものに大きな広告を掲載すれば100万円以上かかることもある。小さな広告であれば数万円程度ですむこともあるが、少額であっても確実な効果が期待できなければ、フリーペーパーを利用するのは難しいのだろう。

③　支払い方法

　日本の消費市場におけるキャッシュレス決済の比率は、世界的に低いといわれている。例えば、経済産業省（2016）によるとキャッシュレス決済の比率は日本が19％であるのに対し、韓国は54％、中国は55％、米国は41％となっている。現金決済の比率が高い理由として、日本は偽造の紙幣や通貨が少ないこと、現金を持ち歩いても安全なことなどが指摘されているが、日本には海外で発行されたクレジットカードが使えないATMも多く、現金を持ち歩く習慣がな

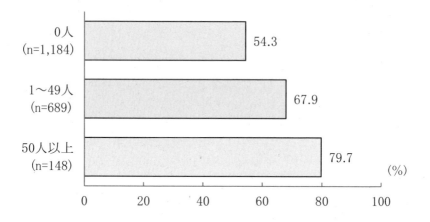

図2-24 クレジットカード・デビットカードが使える企業の割合
（1カ月当たりのインバウンド数別）

い国から来たインバウンドにとっては不便である。インバウンドのためだけではないが、日本経済再生本部の「未来投資戦略2017」でも、2027年10月までにキャッシュレス決済の比率を4割程度に上げることを目標に掲げている。

　アンケートでクレジットカードやデビットカードによる支払いを受け付けている企業の割合をみると、1カ月当たりのインバウンド数が「0人」の企業では54.3％、「1～49人」の企業では67.9％、「50人以上」の企業では79.7％となっている（図2-24）。また、カード会社のロゴが入ったステッカーなどアクセプタンスマークを表示して、クレジットカードやデビットカードが使えることを明示している企業の割合をみると、1カ月当たりのインバウンド数が「0人」の企業では59.8％、「1～49人」の企業では71.2％、「50人以上」の企業では81.2％となっている。インバウンドが多い企業ほどクレジット

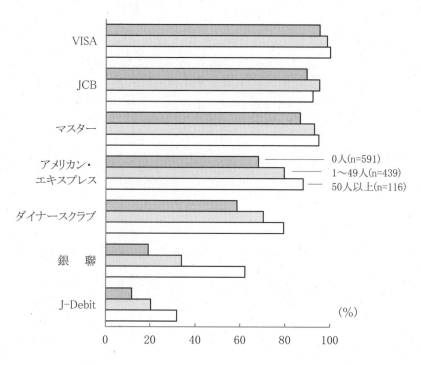

図2-25 利用できるクレジットカード・デビットカードの種類
（1カ月当たりのインバウンド数別）

カードやデビットカードの扱いに積極的なことがわかる。
　クレジットカードやデビットカードが使えると回答した企業について、利用できるカードの種類をみると、1カ月当たりのインバウンド数が多い企業ほど、多くのカードに対応していることがわかる（図2-25）。特にアメリカン・エキスプレスやダイナースクラブ、銀聯はインバウンド数による差が大きい。このうち、銀聯は中国で最も普及しているデビットカード（クレジットカードもある）であ

り、中国からのインバウンドが多い企業が中国人のニーズに応える
ために導入しているものと思われる。

　近年は、より簡単なキャッシュレス決済の手段として、世界的に
電子マネーが普及してきている。日本で普及している電子マネーと
しては、まずSuicaやICOCAなど交通系のICカードや、nanacoや
WAONといった商業系のICカードが挙げられる。これらプリペイド
型のICカードは、チャージ額に上限（２万〜５万円）があるため、
高額の支払いには向かないが、日本の硬貨に慣れていないインバウン
ドが少額の買い物をしたり、電車やバスに乗ったりするのには便利
である。到着した空港の最寄り駅で、交通系のICカードを購入する
外国人も見受けられる。

　そこで、ICカードでの支払いを受け付けている企業の割合をみる
と、１カ月当たりのインバウンド数が「０人」の企業では8.1％、「１〜
49人」の企業では17.0％、「50人以上」の企業では27.9％となって
いる（図２-26）。クレジットカードやデビットカードに比べると、対
応している企業の割合が少ない。業種別にみると小売業と宿泊業で
やや多く、特に１カ月当たりのインバウンド数が「50人以上」の小
売業では37.9％を占めている。

　電子マネーとしては、携帯電話やスマートフォンを使った電子決
済サービス（モバイル決済）もある。アンケートでモバイル決済が
利用できる企業の割合をみると、１カ月当たりのインバウンド数が
「０人」の企業で8.3％、「１〜49人」の企業で13.4％、「50人以上」
の企業で21.4％となっている（図２-27）。業種別にみると、小売業
と運輸業でやや多く、それぞれ12.5％、17.5％を占めている。特に
１カ月当たりのインバウンド数が「50人以上」の小売業では33.3％

第2章◆中小企業におけるインバウンド受け入れの実態

図2-26　ICカードが使える企業の割合
（1カ月当たりのインバウンド数別）

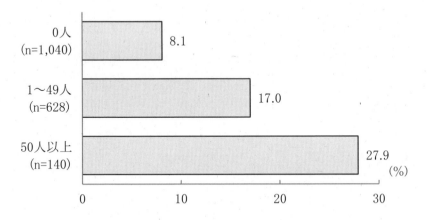

図2-27　モバイル決済が使える企業の割合
（1カ月当たりのインバウンド数別）

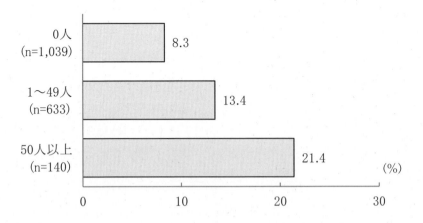

の企業がモバイル決済に対応している。

　日本では2004年に「おサイフケータイ」という携帯電話を使った決済サービスが始まっている。しかし、フェリカネットワークス㈱が2016年5月から6月にかけて行った「電子マネーとおサイフケータイ利用に関するユーザー調査」によると、携帯電話やスマートフォンを所有している人の1割ほどしか、おサイフケータイを利用していない。また、スマートフォンの普及とともに、楽天ペイやLINE Payといったサービスも登場したが、利用者はまだ少ない。そのため、日本人だけを対象とする店舗では、いまのところモバイル決済に対応する必要性は乏しい。

　ところが、中国では街角の屋台から高級ブティックまで、いまやモバイル決済が主要な支払い手段となりつつある。そのため、中国のモバイル決済に対応することは、中国からのインバウンドを獲得するために欠かせない要件となりつつある。

　中国の主要なモバイル決済にはAlipay（支付宝）とWeChatPay（微信支付）がある。どちらも仕組みは同じで、ICカードのように予めチャージした金額で支払うこともできるし、デビットカードのようにその場で銀行口座から引き落とすこともできる。操作は簡単で、消費者のスマートフォンに表示されたQRコードを店舗側のスマートフォンで読み取るだけでよい。店舗側のスマートフォンは、日本語でも表示できる。専用のカードリーダーなど特別な設備は不要であり、キャッシュレス決済のなかでは最も導入しやすいツールだと思われる。

図2-28 Wi-Fiのアクセスポイントを提供している企業の割合
（1カ月当たりのインバウンド数別）

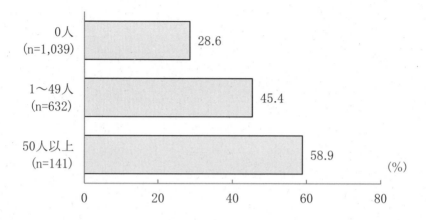

④ Wi-Fiスポットの提供

　来日後も、インバウンドは目的地や飲食店の情報をインターネット、特にスマートフォンを使って探す。また、スマートフォンで撮った写真をその場でSNSに投稿する人も多い。スマートフォンを使うときに便利なのがWi-Fi（無線規格の一つ）である。Wi-Fiが使えれば、高額の通信料（データローミング料）を払ったり、日本用のスマートフォンをレンタルしたりしなくてすむ。日本人にとってもWi-Fiが使えれば便利である。

　アンケートで、お客にWi-Fiのアクセスポイントを提供している企業の割合をみると、1カ月当たりのインバウンド数が「0人」の企業では28.6％、「1～49人」の企業では45.4％、「50人以上」の企業では58.9％となっている（図2-28）。業種別にみると、宿泊業では1カ月当たりのインバウンド数が「0人」の企業でも78.6％が、「50人

以上」の企業では全企業がWi-Fiのアクセスポイントを提供している。ホテルや旅館では、インバウンドに限らず、宿泊客に対してWi-Fiにアクセスできるようにすることが当然のサービスとなっている。一方、運輸業では1カ月当たりのインバウンド数が「50人以上」の企業でも27.3％と少ない。

⑤　宗教・主義への配慮

　海外には、宗教や主義に基づいた生活様式を旅行先でも固く守る人たちがいる。ムスリム（イスラム教徒）は、豚肉やアルコールを口にできないし、禁じられていないものであっても、イスラム法に基づいて処理された、ハラールな（許された）ものしか食べることができない。日本でいう精進料理しか食べない仏教徒も台湾をはじめアジアには多い。欧米に多いベジタリアンのなかには、肉食をしないどころか革製品など動物由来の製品を使わない人までいる。

　アンケートで、お客のなかにインバウンドがいるとする企業のうち、ハラール認証の取得やベジタリアン向けメニューの開発、原材料の詳細な表示など、特定の宗教や主義に配慮している企業の割合をみると、1カ月当たりのインバウンド数が「1〜49人」の企業で4.3％、「50人以上」の企業でも9.2％となっている（図2-29）。業種別にみると、1カ月当たりのインバウンド数が「1〜49人」の企業では大差ないが、「50人以上」の企業では飲食店で13.3％、宿泊業で20.0％となっている。

　特定の宗教や主義に配慮している企業の割合は、食事を提供する飲食店や宿泊業でも多いとはいえない。これには費用対効果の問題がある。例えば、ムスリムに対応するためにハラール認証を取得し

図2-29 特定の宗教・主義に配慮している企業の割合
（業種別、1カ月当たりのインバウンド数別）

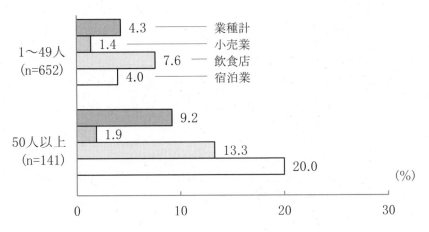

　ようとすれば相応の設備と人手が必要になる。しかし、日本政府観光局によれば、2016年の訪日外客数2,400万人のうち、ムスリムが多いインドネシアからは27万人、同マレーシアからは39万人、同インドからは12万人となっている。増加傾向にあるとはいえ、インバウンド全体に占めるムスリムの割合はまだ少ない。東京や大阪など多くのムスリムが観光に訪れる地域か、近隣にムスリムの留学生や労働者が多く、インバウンド以外の需要も見込める地域に立地していないとハラール認証の取得までは、なかなかできないだろう。他の宗教や主義についても同様であり、すべての企業に適切な対応を求めることは現実的ではない。

　ただし、日本人にもアレルギーや病気による食事制限のある人が少なくないことを考えると、飲食店や宿泊業でも、加工食品と同様に料理の原材料や成分を正確に表示し、インバウンドが食べてはい

けないものを自分で判断できるように努めるべきである。また、専用のメニューを用意しないまでも、インバウンドの求めに応じて柔軟に対応していくことは求められる。

⑥ インバウンド向けの商品・サービス

　インバウンドを受け入れている企業について、インバウンド向けに開発した商品やサービスがある企業の割合をみると、1カ月当たりのインバウンド数が「1〜49人」の企業で1.3%、「50人以上」の企業でも7.5%と少ない。インバウンド向けに開発した商品やサービスがある場合は具体的な内容も記述してもらったが、その回答をみると「ポケットWi-Fiのレンタル（宿泊業）」「着物のレンタル（飲食店）」「ミネラルウォーターの販売（飲食店）」「客室に折り鶴（宿泊業）」などがある。

　次に、従来からある商品やサービスのうち、インバウンドの評価が高いものがあるとする企業の割合をみると、1カ月当たりのインバウンド数が「1〜49人」の企業で14.8%、「50人以上」の企業では32.8%となっている（図2-30）。評価されている商品やサービスの内容は多様ではあるが、整理すれば日本料理や日本のブランド品のほか、「せんべいの手焼き体験」「鮨の握り体験」「浴衣の着付け」など、日本文化の体験に関するものが多い。新しく商品・サービスを開発した企業よりも、もともと日本的な商品やサービスをもっている企業がインバウンドに支持されているのである。言い換えるとインバウンド向けに商品・サービスを開発するのであれば、日本を感じられるものでなければいけないということである。

図2-30 既存の商品・サービスにインバウンドが高く評価するものがある企業の割合（1カ月当たりのインバウンド数別）

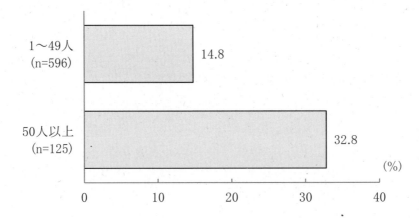

⑦　その他の受け入れ態勢

　旅ナカの受け入れ態勢としては、購入者が消費税の支払いを免除される免税店の許可を取得することも挙げられる。対象は主に小売業であるが、飲食店や宿泊業でも小売部門があれば、免税店の許可を取得することは可能である。免税の対象となる商品は家電製品や時計・宝飾品、民芸品など「一般物品」と、化粧品や医薬品、飲食料品など「消耗品」とがある。どちらも、1人の購入者につき同じ店舗における1日の販売合計額が5,000円以上の買い物が対象になるが、消耗品は1日に50万円が上限になる。

　免税で販売する際には、購入者の旅券を確認し、購入記録票や購入者誓約書を作成する。また、免税で販売した物品は袋や箱で包装し、内容物がわかる書面を添付する、開封した場合に開封したことがわかるシールで封印する、出国まで開封しないことを日本語と外

国語で書いた注意書きを貼付することなどが求められる。免税手続きを小規模な小売店が行うのは負担になるので、2015年4月からは商店街振興組合などが「免税手続一括カウンター」を設けて事務処理することが可能になった。観光庁によると、全国の免税店数は2012年4月1日時点で4,173店舗しかなかったが、2017年10月1日時点では4万2,791店舗と、およそ10倍に増えている。

　アンケートによれば、お客のなかにインバウンドがいると回答した小売業のうち、免税店の許可を取得している企業の割合は11.5%となっているが、1カ月当たりのインバウンド数が「50人以上」の企業に限れば、30.5%を占める。

　免税手続一括カウンターにみられるように、インバウンドの誘致や受け入れ態勢の整備を個々の企業が単独で行うことには限界があり、地域として取り組むことも必要である。そこで、同じ都道府県内の企業や団体と協力・連携してインバウンドの誘致に取り組んでいる企業の割合をみると、1カ月当たりのインバウンド数が「0人」の企業は1.7%、「1～49人」の企業は10.0%であるのに対し、「50人以上」の企業では32.0%となっている（図2-31）。協力・連携先は、回答が多かった順に、「観光協会・コンベンションビューロー」「商工会・商工会議所」「都道府県・市町村」「旅館やホテルなど宿泊施設」「旅行会社」となっている。

　業種別に他の企業や団体と協力・連携している割合をみると、旅行会社と連携する企業が多い宿泊業と運輸業では、それぞれ37.3%、26.5%を占めているが、小売業では3.3%、飲食店では6.1%と少ない。この割合を1カ月当たりのインバウンド数が「50人以上」の企業に限ってみても、宿泊業は69.0%、運輸業は46.2%であるのに対

図2-31 他の企業や団体と協力・連携してインバウンドの誘致に取り組んでいる企業の割合（1カ月当たりのインバウンド数別）

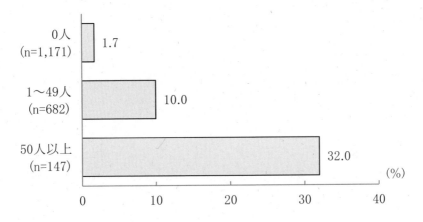

し、小売業は16.9％、飲食店は23.9％となっている。

　小売業や飲食店では、比較的インバウンドが多い企業であっても他の企業や団体と協力・連携しているものは多くない。同じ地域のなか、あるいは同じ商店街のなかであっても、インバウンドの増加がもたらす影響は多様であり、なかなか足並みが揃わないということがあるのではないかと思われる。

　例えば、石川県金沢市にある近江町市場は、金沢市民の台所として知られ、鮮魚、精肉、青果店や飲食店など161店舗が軒を連ねている。北陸新幹線が開通したことで観光客が増え、来場者数は倍増したが、市場全体の売り上げはむしろ減ったという。特にインバウンドは売り上げにあまり貢献していない。日本人観光客には、海産物などを土産として購入する人も少なくないが、インバウンドにはいない。飲食店やイートインコーナーを利用するインバウンドはいる

が、見学するだけという人も多い。一方、市場の混雑を嫌って地元客は減少してしまった。その結果、来場者は増えたが売り上げは減少する事態になったのである。だからといってインバウンドなど観光客を敬遠するわけにもいかず、近江町市場では地元客との両立を模索している。

　同じ金沢市内でも、中心部にある商店街の対応はまた異なる。例えば片町商店街では、10年ほど前から九谷焼など工芸品を扱う小売店を中心に免税店が増え始め、現在では13の免税店がある。また近隣の香林坊商店街、竪町商店街と協力して免税手続一括カウンターを設置している。中心部の商店街は、兼六園や武家屋敷など観光スポットに近く、もともと観光客をターゲットとする小売店や飲食店が多い。インバウンドとは直接関係のない店舗もあるが、商店街の総意としてインバウンドの増加を歓迎している。

　インバウンドの増加は、地域全体としては利益になることが多いはずだが、個々の企業においてはプラスになることもあればマイナスになることもある。そのため、もともと観光客のウエートが大きい企業を除けば、他の企業や団体と連携・協力してまでインバウンドの誘致や受け入れに取り組むということにはなかなかならないのだと思われる。

⑧　回帰分析による確認

　前節と同様に、旅ナカの受け入れ態勢とインバウンドとの関係を２項ロジスティック回帰分析によって確認する。分析はインバウンドの有無（モデル１）と、１カ月当たりのインバウンド数が50人以上であるか、１〜49人であるか（モデル２）との２通りについて行う。

140

第2章◆中小企業におけるインバウンド受け入れの実態

＜被説明変数＞

モデル1

お客のなかにインバウンドがいる場合を「1」、いない場合を「0」とするダミー変数

モデル2

1カ月当たりのインバウンド数が「50人以上」であるものを「1」、「1～49人」であるものを「0」とするダミー変数

＜説明変数＞

・外国語の商品説明やパンフレットがある
・外国語に対応できる役員や従業員がいる
・観光客向けのフリーペーパーを利用している
・クレジットカードやデビットカード決済に対応している
・スマートフォンや携帯電話を使った決済に対応している
・Wi-Fiのアクセスポイントを提供している
・他の企業や団体と連携・協力してインバウンドを誘致している
・特定の宗教や主義に配慮している（モデル2）
・インバウンドの評価が高い商品やサービスがある（モデル2）
・業種（飲食店、宿泊業、運輸業。小売業は参照業種）
　それぞれ該当する場合を「1」、該当しない場合を「0」とするダミー変数
・従業者数（対数）

　なお、ICカードを使った決済に対応しているか否かと、スマート

141

表2-4 旅ナカの受け入れ態勢に関する回帰分析結果 (モデル1)

被説明変数：お客のなかにインバウンドが「いる」=1、同「いない」=0		
説明変数	偏回帰係数	有意確率
外国語の商品説明やパンフレットがある	2.19	0.00
外国語に対応できる役員や従業員がいる	0.49	0.00
観光客向けのフリーペーパーを利用している	0.89	0.00
クレジットカードやデビットカード決済に対応している	0.42	0.00
スマートフォンや携帯電話を使った決済に対応している	0.34	0.07
Wi-Fiのアクセスポイントを提供している	0.20	0.11
他の企業や団体と連携・協力してインバウンドを誘致している	1.25	0.00
飲食店	0.69	0.00
宿泊業	1.56	0.00
運輸業	0.90	0.01
従業者数（対数）	0.16	0.00

フォンや携帯電話を使った決済に対応しているか否かとは相関が強いので（相関係数0.56）、説明変数としてはスマートフォンや携帯電話を使った決済に対応しているか否かを採用した。

　回帰分析の結果、モデル1ではすべての説明変数の符合が正となり、「Wi-Fiのアクセスポイントを提供している」と「スマートフォンや携帯電話を使った決済に対応している」を除いて、1％水準または5％水準で有意となった（表2-4）。もっとも、他の企業や団体と連携・協力してインバウンドを誘致していることを除けば、当然ながら因果関係を示すものではない。例えば、外国語の商品説明やパンフレットがあることは、インバウンドが多いことの結果であるかもしれない。

　一方、モデル2については、変数ごとに異なる結果となった（表2-5）。例えば、「クレジットカードやデビットカード決済に対応している」や「Wi-Fiのアクセスポイントを提供している」は、1カ月当たりのインバウンド数が50人以上であることと無関係である。こ

第２章◆中小企業におけるインバウンド受け入れの実態

表２-５　旅ナカの受け入れ態勢に関する回帰分析結果（モデル２）

被説明変数：1カ月当たりのインバウンド数が「50人以上」=1、同「1〜49人」=0		
説明変数	偏回帰係数	有意確率
外国語の商品説明やパンフレットがある	1.43	0.00
外国語に対応できる役員や従業員がいる	0.44	0.09
観光客向けのフリーペーパーを利用している	0.23	0.49
クレジットカードやデビットカード決済に対応している	-0.19	0.56
スマートフォンや携帯電話を使った決済に対応している	0.59	0.05
Wi-Fiのアクセスポイントを提供している	-0.06	0.84
他の企業や団体と連携・協力してインバウンドを誘致している	0.32	0.33
特定の宗教や主義に配慮している	-0.03	0.96
インバウンドの評価が高い商品やサービスがある	0.78	0.01
飲食店	-0.60	0.04
宿泊業	-0.02	0.97
運輸業	0.86	0.11
従業者数（対数）	0.35	0.00

れらのことは、インバウンドを受け入れている企業では当然のこと
だからであろう。

　また、「特定の宗教や主義に配慮している」も、有意にはならなかっ
た。もちろん、こうした配慮が不要だということではなく、配慮を
必要とする人たちがインバウンドに占める割合が小さいためである
と考えられる。一方、「外国語の商品説明やパンフレットがある」「ス
マートフォンや携帯電話を使った決済に対応している」「インバウン
ドの評価が高い商品やサービスがある」の三つは、係数の符合が正
であり、かつ１％または５％水準で有意となった。

　なお、業種別では、飲食店は係数の符合が負となっており、小売
業に比べると１カ月当たりのインバウンド数が「50人以上」である
確率が小さい。買い物は数分で終わることもあるが、飲食は１時間、
２時間とかかるため、店舗の規模が同じであっても、受け入れられ
る人数は飲食店のほうが少ないからと考えられる。

143

事例2
旅ナカの受け入れ態勢—㈱白牡丹

　神奈川県横浜市にある㈱白牡丹（廣井晴雄社長）は、1901年
創業の老舗化粧品店である。同社がある伊勢佐木町商店街（イセ
ザキ・モール１・２ st）では、近隣にホテルの開設が相次いだ結
果、中国や台湾からの観光客が多く訪れるようになっている。同
社にも日本製の化粧品を求めてインバウンドが来店することが
多くなった。インバウンドには、ドラッグストアでは取り扱って
いない、比較的高級な化粧品を求める人が多い。

　そこで、2016年に免税店の許可を取得し、積極的にインバウン
ドを受け入れることにした。免税店の許可を取得するに当たって
は、共同で勉強会を開くなど他店とも協力し、免税品のパッキン
グや伝票の作成は商店街が一体となって取り組んでいる。

　また、インバウンドに接客するため、中国人のアルバイトを採
用した。化粧品は決められた手順を守って使わないと効果が出な
い。商品の効果や使用方法を詳しく説明する必要があるほか、日
本人客からはない価格交渉に対応するには中国語を話せる人材が
欠かせないからである。さらに、店頭のモニターでは、独自に制
作した動画を流しインバウンドにアピールしている。

　こうした取り組みの結果、売り上げに占めるインバウンドの割
合が増え、同社の売り上げも順調に伸びている。

（3） 旅アト

　旅アトは、帰国したインバウンドをフォローして再度の利用や口コミを促すだけではなく、帰国後も商品を購入してもらうなど次につなげる期間でもある。ただし、口コミについては、SNSを使ったものが多いことを考えれば、帰国後に限らず、食事や商品の購入など、旅ナカでインバウンドが何かを体験した直後も含むべきであろう。ここではDMや電子メールによるフォロー、SNSの活用、海外展開についてみていく。

①　DMや電子メールによるフォロー

　お客のなかにインバウンドがいる企業について、帰国したインバウンドにDMや電子メールを送るなどしてフォローしているとする企業の割合は、1カ月当たりのインバウンド数が「1〜49人」の企業で2.0％、「50人以上」の企業でも8.4％と少ない（図2-32）。小売店や飲食店では、インバウンドの氏名や住所を知る機会はまずないだろうから、帰国後にフォローしている企業が少ないのは当然であるが、宿泊者名簿を作成したり、予約時に氏名や電子メールのアドレスを取得したりしているはずの宿泊業でも7.5％にとどまっている。ただし、1カ月当たりのインバウンド数が「50人以上」の宿泊業では17.2％とフォローしている企業の割合がやや多い。

　インバウンドの6割は来日回数が2回目以上の人たちであり、来日するたびに同じ宿や店を利用するという人も少なくない。リピーターをつくるには、帰国後もフォローすることが大切である。また、帰国後のフォローは、インバウンドに再利用を促すだけではなく、

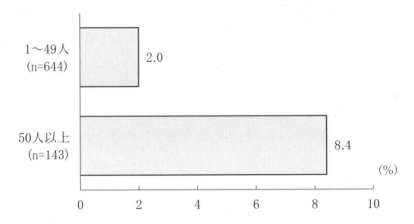

図2-32　帰国後もインバウンドをフォローしている企業の割合（1カ月当たりのインバウンド数別）

記憶にとどめてもらい、口コミを促す効果も期待できる。小売業や飲食店でも、アンケートに回答してくれた人には割引クーポンを提供するなどの工夫をして、インバウンドからメールアドレスを取得し、定期的に電子メールによる案内を送るといったことをしたほうがよいだろう。

② SNSの活用

　SNSや動画投稿サイトを利用している企業のうち、インバウンドにSNSのアカウントを伝えてコメントを投稿してもらったり、気に入ったことの証しである「いいね」をしてもらったりしている企業の割合をみると、1カ月当たりのインバウンド数が「1〜49人」の企業で5.2％、「50人以上」の企業でも12.1％と少ない（図2-33）。旅マエの情報発信に関する回帰分析で、SNSや動画投稿サイトを利用

図2-33 SNSに感想を書いてもらったり、「いいね」をしてもらったりしている企業の割合（1カ月当たりのインバウンド数別）

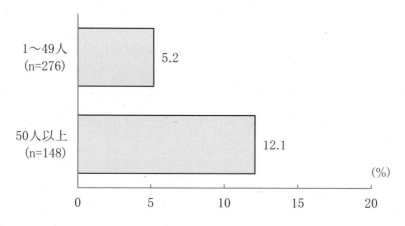

していることが有意にならなかった理由として、中小企業にはアカウントをもっているだけでSNSを十分に活用できていない企業が多いことを指摘したが、旅アトにおいても同様のことがいえる。

業種別にみると、宿泊業でSNSを活用している企業の割合が多くなっており、1カ月当たりのインバウンド数が「1～49人」の企業で15.7％、「50人以上」の企業では31.0％を占めている。オンライン予約が一般化している宿泊業では、インターネット上の口コミの効果を認識しており、他の業種に比べればSNSの活用に熱心な企業が少なくないのだろう。

③　海外展開

　インバウンドは日本でさまざまなものを購入するが、気に入った品物については帰国後も購入したいと考える人もいる。アンケート

図2-34 帰国後も日本の製品・商品を購入したいといわれたことがある
　　　　企業の割合（1カ月当たりのインバウンド数別）

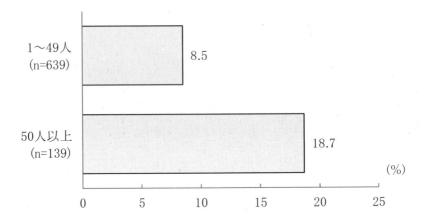

によれば、帰国後も日本の商品・製品を購入したいとインバウンドにいわれた経験がある企業の割合は、1カ月当たりのインバウンド数が「1〜49人」の企業で8.5％、「50人以上」の企業で18.7％となっている（図2-34）。特に小売業で多く、1カ月当たりのインバウンド数が「1〜49人」の企業で12.2％、「50人以上」の企業では29.1％となっている。

　こうしたインバウンドからの問い合わせを次につなげている企業もある。具体的には、帰国後も日本の製品や商品を購入したいといわれたことがある企業のうち、インバウンドを受け入れるようになってから、輸出を始めた企業が15.6％、越境EC（海外向けのインターネット通販）を始めた企業が13.0％、海外に出店した企業が3.9％ある（図2-35）。回答した企業が少数とはいえ、インバウンドを受け入れることの効果が観光にとどまらないことを示している。

図２-35 インバウンドを受け入れるようになってから海外展開を行った
企業の割合

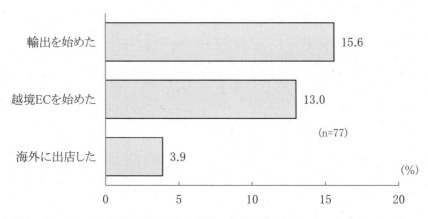

（注）インバウンドから帰国後も日本の製品・商品を購入したいといわれたことがある
企業について集計した。

4 インバウンド受け入れに関する今後の方針

（１） 受け入れ方針

　政府がインバウンド観光に積極的であるのは、経済効果が期待できるからであり、アンケートでもインバウンドを多く受け入れている中小企業には業績の良い企業が多くみられる。また、前節の最後で示したように、インバウンドの増加は海外展開のチャンスでもある。一方で、インバウンドの受け入れには「日本人客の減少」や「無断キャンセル」の増加など、マイナス面もある。中小企業は、インバウンドの受け入れについて、どのように考えているのだろうか。
　アンケートでインバウンドの受け入れ方針をみると、１カ月当た

図2-36　インバウンドの受け入れに関する今後の方針
（1カ月当たりのインバウンド数別）

りのインバウンド数によって大きな差がある。「積極的に受け入れていきたい」とする企業の割合は、1カ月当たりのインバウンド数が「0人」の企業では7.6％であるが、「1～49人」の企業では25.0％、「50人以上」の企業では57.2％となっている（図2-36）。一方、「できれば受け入れたくない」とする企業の割合は、「50人以上」では4.8％であるが、「1～49人」の企業では19.1％、「0人」の企業では46.9％となっている。

（2）　受け入れたくない理由

「できれば受け入れたくない」とする理由（複数回答）をみると「言葉が通じない」が66.7％で最も多く、以下「受け入れ方がわからない」「マナーが悪い」「人手が足りない」と続いている（図2-37）。
しかし、インバウンドを多く受け入れている企業でも、こうした

第２章◆中小企業におけるインバウンド受け入れの実態

図２-37　インバウンドを受け入れたくない理由

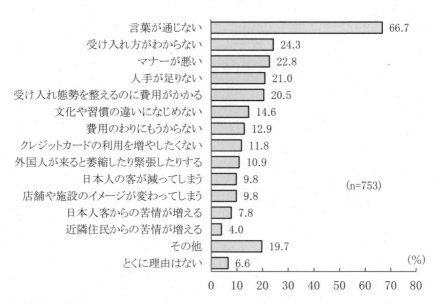

（注）複数回答。

問題が起きていないわけではない。例えば、１カ月当たりのインバウンド数が「50人以上」の企業でも、外国語ができる従業員がいる割合は59.2％にとどまっている（前掲図２-22）。外国語を話せる従業員がいる場合でも、対応できる言語の多くは英語であるが、インバウンドには英語が通じない人も多い。外国語に十分対応できないことは、インバウンドを受け入れない理由にはならない。

また、インバウンドの受け入れ方については、多くの自治体・観光協会がマニュアルを作成し、配布している。有料・無料のセミナーも各地で頻繁に開かれており、受け入れに関するコンサルティング

を行う企業もある。「受け入れ方がわからない」という企業も、その気になれば受け入れ方法を学ぶ機会はあり、受け入れのハードルは下がっているといえよう。

「マナーが悪い」というのはよく耳にすることであり、多くの場合、中国人団体客を指していると思われるが、原因のほとんどは日本への旅行が初めてだということにある。インバウンドを数多く受け入れている旅館やホテルの経営者に聞いても「説明すれば分かってもらえるし、リピーターにはマナーが悪い人は少ない」という。日本の習慣やマナーを伝えるガイドブックやインターネットメディア、SNSも増えており、早晩解消していく問題であろう。

一方、回答した企業は少ないが、「日本人の客が減ってしまう」ということはどうだろうか。アンケートで、インバウンドを受け入れている企業について、インバウンドを受け入れるようになってから日本人客の数が減ったとする割合をみると、1カ月当たりのインバウンド数が「1〜49人」の企業で2.1％、「50人以上」の企業では15.1％となっている（図2-38）。大半の企業では、インバウンドを受け入れても日本人客の数に影響はないが、「日本人の客が減ってしまう」という心配は取り越し苦労だとまではいえない。

なお、1カ月当たりのインバウンド数が「50人以上」である企業のうち、インバウンドを受け入れるようになって日本人客が減ったという企業22社について、最近3年間の売上高の傾向をみると、「減少傾向」とする企業が36.4％、「増加傾向」とする企業も40.9％ある。インバウンドが増えると日本人の客が減少する可能性はあるが、売り上げが減るかどうかは企業の取り組みしだいなのである。

152

図2-38　インバウンドを受け入れるようになってからの日本人客の動向
　　　　（1カ月当たりのインバウンド数別）

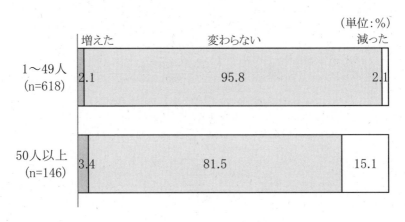

(3) 受け入れていくに当たっての課題

　インバウンドを「積極的に受け入れていきたい」と回答した企業について、今後の課題（三つまでの複数回答）をみると、「外国語に対応できる日本人従業員の確保」が52.6％で最も多く、以下「SNSやインターネットの活用」「地域の知名度向上」と続いている（図2-39）。

　最も回答が多かった「外国語に対応できる日本人従業員の確保」はなかなか実現が容易ではない。こうした人材は大企業をはじめ、多くの企業が必要としており、競争が激しいからである。いまいる日本人従業員の底上げを図ったり、日本語を話せる外国人を採用したりするほうが現実的である。実際、「外国人従業員の確保」を課題に挙げた企業が8.2％ある。

　課題のなかには、中小企業が単独で取り組むのは難しいものも含

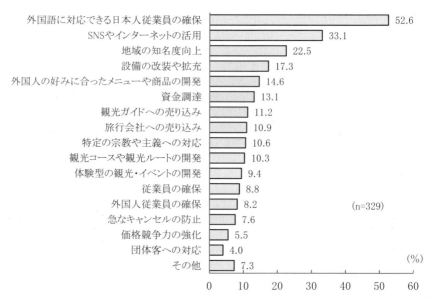

図2-39　インバウンドを受け入れていくための課題

（注）三つまでの複数回答。

まれている。例えば、「地域の知名度向上」や「旅行会社への売り込み」「観光コースや観光ルートの開発」である。これらは企業単独では実現が難しく、自治体と企業が連携して取り組む必要がある。そのため、都道府県と観光協会や企業が共同で海外の旅行博に出展する例は少なくない。また、日本国内でいろいろな経験をしたいと考えるインバウンドの視点に立てば、連携は都道府県の枠を越えて行うことも必要である。

　広域連携の例として知られるのが、2012年に始まった、富山、石川、福井、長野、岐阜、静岡、愛知、三重、滋賀の9県の自治体や

観光団体、観光事業者と、中部運輸局、北陸新越運輸局、（一社）中央日本総合観光機構とによる「昇龍道プロジェクト」である。このプロジェクトでは、昇龍道という名前の由来であり、プロジェクトのきっかけとなった、名古屋から高山、富山、金沢、輪島へと続く「ドラゴンコース」のほか、金沢から白川郷、高山、長野、名古屋へ続く「ノスタルジックコース」、長野から立山、金沢、福井、岐阜、名古屋へ続く「グレートネーチャーコース」、大阪・京都から大津、名古屋、蒲郡、豊橋、浜松、東京へと続く「ウキヨエコース」という四つのコースを開発し、アジアを中心に海外へのプロモーションを行っている。

5　中小企業全体への影響

（1）　業種別の影響

　第2章では、小売業、飲食店、宿泊業、運輸業という直接インバウンドを受け入れている業種を対象に実施したアンケートの結果をみてきたが、インバウンドの増加によって影響を受ける業種は、ほかにもある。例えば、インバウンドの増加によって、あるホテルの宿泊者数が増えれば、そのホテルと取引しているリネンサプライ業者や食材の卸売業者の売り上げも増える。また、インバウンドの増加によって宿泊施設の建設が増えれば、建設業や不動産業の売り上げも増える。こうした波及効果があるからこそ、国や自治体もインバウンドの誘致に力を入れるのである。

　日本政策金融公庫総合研究所が毎四半期に実施している「全国中小企業動向調査（小企業編）」の2017年7-9月期調査によると、イン

バウンドの増加によって売り上げにプラスの影響があったとする
企業の割合は、全体で4.2％となっている[2]。業種別にみると、建設
業で1.5％、製造業で3.4％、卸売業で2.8％、小売業で3.9％、飲食
店で9.0％、宿泊業で21.4％、情報通信業で3.0％、運輸業で3.0％、
サービス業で2.3％となっている。回答した企業の割合は少ないも
のの、製造業や卸売業、情報通信業、サービス業にも、インバウン
ド増加の効果が広がっていることがわかる。

　売り上げにプラスの影響があったとする企業の割合が多い業種を
より細かく集計してみると、建設業は冷暖房設備工事業（11.8％）、
建築リフォーム工事業（6.7％）、電気配線工事業（5.3％）、製造業
は窯業・土石製品（8.3％）、食料品（6.8％）、装飾品・生活雑貨（6.3％）、
卸売業は繊維・衣服（7.3％）、医薬品・生活雑貨（4.8％）、情報通
信業は情報提供サービス業（25.0％）、その他の情報処理・提供サー
ビス業（20.0％）、サービス業は旅行業者代理業（22.2％）、外国語
会話教授業（16.7％）、旅行業（15.4％）が挙げられる。

（2）　インバウンドベンチャー

　統計としてとらえることはできないが、インバウンドの増加が中
小企業に与える影響としては「インバウンドベンチャー」が台頭し
てきていることも指摘できる。

　インバウンドベンチャーが提供しているサービスは多岐にわたる
が、大きくは次の6種類に分けることができる。

2　日本政策金融公庫国民生活事業の融資先を対象とする調査。回答企業数は
　7,256社（回収率72.6％）。

① インバウンドメディア

　インバウンドを対象に旅マエや旅ナカの観光情報を発信するもの
で、多くはウェブサイトやSNSなどインターネット上のメディアで
ある。日本語を含めて多言語で情報提供するものが多いが、台湾や
タイなど特定の国や地域に特化しているものもある。掲載する記事
は、運営会社が独自に企画して取材したものもあれば、自治体や企
業の依頼に基づいて書かれたものもある。また、日本人が書いた記
事を翻訳するだけのメディアもあれば、外国人ライターに実際に取
材してもらい、自らの言葉で記事を作成するメディアもある。

② プロモーション

　企業や自治体が運営するインバウンド向けウェブサイトのコンテン
ツやプロモーション動画の制作、オンライン広告の制作、インフル
エンサー・マーケティングなど幅広い。

③ 予約サイト

　ホテルや飲食店を予約できるサイトは、すでにいくつもあるが、
インバウンドに人気があるレストランや高級ホテルに限定して紹介
したり、飲食店での支払いをAlipayやWeChatPayなど海外の電子
マネーで行えたりするサービスが現れている。また、インバウンド
向けに美容院や人間ドックの予約を受け付けるサービスもある。

④ 通訳・翻訳アプリ

　単純に翻訳するものだけではなく、WeChatなどスマートフォンの
チャットアプリを使い、旅館やホテルにおけるインバウンドからの

157

質問にChatbot（会話ができる人工知能）で対応するサービスが登場している。例えば、レストランを紹介したり、観光スポットへの行き方を説明したりできるので、外国語を話せるスタッフがいなくても、インバウンドに対応できる。

⑤ コンサルティング

インバウンドを受け入れる企業が直面する問題、例えばウェブサイトの制作や予約システムの導入、飲食店のメニュー開発、インバウンドへの接遇、SNSにおける口コミへの対応をそれぞれ専門的に解決するコンサルティングから、一括して総合的にサポートするコンサルティングまである。なかには、海外の旅行会社とコネクションをもち、集客まで実現する企業もある。

⑥インバウンドへの直接サービス

①から⑤は、インバウンドを受け入れる企業や自治体を対象としたサービスであるが、インバウンドを対象とするサービスもある。例えば、余った現金を電子マネーやクーポンに交換するサービス、店舗や事務所の空いたスペースを利用して旅行客の荷物を預かるクロークサービス、ガイドを探しているインバウンドと国際交流がしたい日本人とのマッチングサービスがある。

インバウンド市場は日本にとって新しい市場であるだけに、誘致や受け入れのノウハウをもたない企業や自治体は多い。しかも、市場が拡大する速度は速く、時間をかけて学習していたのでは間に合わない。そのため、実践的な受け入れのノウハウをもった人や企業

にとって、インバウンドを受け入れたい企業や自治体の周辺には起業や参入の機会が多い。

また、海外からの旅行者が増加すれば、そこにはさまざまな問題が生じる。例えば、無料で利用できるWi-Fiのアクセスポイントが少ない、目的地への行き方がわからない、飲食店が多すぎてどこがよいかわらない、硬貨ばかりが余ってしまうといったことが挙げられる。こうしたインバウンドの不満や悩みを解消できれば、それもまた起業や参入のチャンスになる。

このようにインバウンドの増加は、既存の取引関係を通じて波及効果をもたらすだけではなく、これまでにない取引関係が生まれることによっても経済に影響を及ぼしているのである。

＜参考文献＞

経済産業省（2016）「キャッシュレスの推進とポイントサービスの動向」
　　　（産業構造審議会割賦販売小委員会資料）
　　　http://www.soumu.go.jp/main_content/000451965.pdf

事例3
インバウンドベンチャー①—㈱IGLOOO

　神奈川県鎌倉市にある㈱IGLOOO（小林令社長）は、2015年から
インバウンドメディアの「Voyapon」を運営している。インターネッ
ト上のウェブメディアで、英語、フランス語、スペイン語、ドイ
ツ語、日本語で記事を配信している。掲載する記事は、自治体や企
業の依頼に基づいて書かれたものが中心であるが、クライアントが
用意した原稿を翻訳するのではなく、外国人が現地で取材し、実際
に体験したうえで執筆している。外国人旅行者の視点で書かれてい
るため、旅行者の共感を得やすい。ライターは日本在住の欧米人を
中心に120人ほどがいる。また、欧米の著名ブロガーを起用したイン
フルエンサー・マーケティングも手がけている。依頼できるインフル
エンサーは80人ほどである。
　インバウンドメディアは先行するサイトがいくつもあり、インフ
ルエンサー・マーケティングを手がける企業も少なくないが、多く
は東アジアや東南アジアからの旅行者を主な対象としている。イン
バウンドの8割以上がアジアの人たちであることを考えれば、当然
の結果であるが、その分、欧米人、特に欧州の旅行者向けの情報発
信が少なくなっている。情報がなければ日本が旅行先の候補になる
こともない。2019年のラグビーのワールドカップ、2020年のオリン
ピック・パラリンピックを控え、欧州からの誘客に力を入れる自治
体や企業が増えており、同社への依頼も増加してきている。

第2章◆中小企業におけるインバウンド受け入れの実態

事例4
インバウンドベンチャー②—㈱インテージア

　2011年創業の㈱インテージア（片岡究社長、東京都中央区）は、インバウンド向けの飲食店を探している旅行会社と、インバウンドを受け入れたい飲食店とをマッチングしている。

　インバウンドの増加ペースが速いため、海外の旅行会社にとって飲食店を手配することが負担になってきている。来日後に食事の希望を出すインバウンドも多く、添乗員が対応に追われることも少なくない。一方、インバウンドを誘致したいと考える飲食店は増えているが、どうすれば集客できるのか、仏教徒やベジタリアンなど肉食をしない人のメニューをどうするか、インバウンドの接客はどうすればよいのかといったことに悩む企業は少なくない。

　そこで、同社では飲食店に対してメニュー開発や店舗のオペレーション、料理や店舗の由来などインバウンドの関心を引くためのストーリーづくりなど多方面からコンサルティングを行うとともに、そうして受け入れ態勢が整った飲食店を旅行会社や添乗員に紹介している。旅行会社から食事場所だけが空欄になった旅行企画書が送られてくるなど食事の手配について任されることも多く、台湾や中国を中心に取引のある旅行会社は100を超える。また、コンサルティングの結果が確実に集客に結び付くので、大手チェーンから中小のレストランまで支援を求める企業が増えている。

161

事例5
インバウンドベンチャー③―日本美食㈱

　日本美食㈱（董路社長）は2015年に東京都港区で創業した。社名と同名のスマートフォンのアプリを提供している。このアプリがあれば、中国語や英語で飲食店の検索から予約、支払いまでをスマートフォンで行える。支払いに限れば、飲食店側はスマートフォンすら不要で、店舗を識別するためのQRコードを用意するだけだ。

　代表は日本人を妻にもつ中国人であるが、来日した中国の友人たちから、何度も「良い店はないか」と頼まれたことから、このサービスを始めたという。日本にはグルメサイトがいくつもあるが、中国語で検索して、予約できるものは少ない。さらに、支払いまで行えるサイトはほとんどない。予約時に支払いまで完了できる事前予約決済サービスを始めた大手のグルメサイトもあるが、コース料理に限定されている。また、友人に紹介しようとした店が現金決済にしか対応していないため、利用をあきらめたことも少なくない。

　同社のアプリに登録されている飲食店では、席だけを予約できる店が多い。インバウンドは店についてから自由に注文できる。席だけ予約の場合は、日本円で100円程度の予約料をとり、No Show（無断キャンセル）対策としている。

　また、同社のアプリを使うと、VISAやマスター、銀聯といったクレジットカードのほか、AlipayやPayPal、Apple Payで支払うことができる。急速にキャッシュレス化が進む中国からのインバウンドにとって便利なアプリであり、サービス開始から1年強で毎月5,000人が利用するようになっている。

第3章

拡大する訪日市場と
受け入れ態勢の課題
―宿泊業からみたボトルネックの点検―

公益財団法人日本交通公社
観光経済研究部長　塩谷　英生

1 はじめに

（1） 訪日市場の拡大と政府目標

　訪日市場の伸長が続いている。観光庁の「旅行・観光消費動向調査」によると、訪日外国人旅行消費額は2016年に3.7兆円まで増加し、国内で発生する観光消費の14.3％を占めるに至った。世界の国際旅行市場の順調な伸びが継続することを前提とすれば（UNWTO、2017）、政府が観光立国推進基本計画に掲げるオリンピックイヤーの4,000万人達成が視野に入ってきたかにもみえる（表3-1）。

　訪日市場の拡大は、長きにわたって国内旅行市場の冷え込みに直面していた観光産業の収益回復に大きく貢献した。航空会社の営業利益は増加基調となり、宿泊施設の稼働率は上昇し、客単価も上昇した（（公財）日本交通公社、2017）。地域差はあるが、バス会社などの交通事業者、飲食業、免税店などの小売業等にも恩恵があった。宿泊事業者など企業経営の視点からは、訪日市場の拡大が今後も引き続き可能か否かが焦点となってくる。

（2） 受け入れ能力の課題

　4,000万人へのボトルネックは、宿泊施設と渡航手段が主なものだが、本稿では中小企業に関連性が高い宿泊業を中心に扱うこととしたい。

　2016年の観光庁「宿泊旅行統計調査」による日本人を含めた延べ宿泊数は4.92億人泊である。同統計による客室稼働率は59.7％であり、約4割が未稼働ということになる。

表3-1 「明日の日本を支える観光ビジョン」の主な目標値と実績

	実　績		目標値	
	2015年	2016年	2020年	2030年
訪日外国人旅行者数(万人)	1,974	2,404	4,000	6,000
訪日外国人旅行消費額(億円)	34,771	37,476	80,000	150,000
地方部での外国人延べ宿泊者数(万人泊)	2,514	2,753	7,000	13,000
外国人リピーター数(万人)	1,159	1,426	2,400	3,600
日本人国内旅行消費額(兆円)	20.4	21.0	21.0	22.0

資料：目標値は観光庁「明日の日本を支える観光ビジョン」(2017年3月)
　　　実績は下記のとおり。
　　　訪日外国人旅行者数は日本政府観光局「訪日外客数」
　　　訪日外国人旅行消費額は観光庁「訪日外国人消費動向調査」
　　　地方部での外国人延べ宿泊者数は観光庁「宿泊旅行統計調査」
　　　外国人リピーター数は観光庁「訪日外国人消費動向調査」、日本政府観
　　　光局「訪日外客数」から算出
　　　日本人国内旅行消費額は観光庁「旅行・観光消費動向調査」
(注)　地方部は三大都市圏（埼玉・千葉・東京・神奈川・愛知・京都・大阪・
　　　兵庫）以外の地域。

　これらがフルに稼働した場合の延べ宿泊数は8.24億人泊であり、単純な試算によって得られるわが国の宿泊キャパシティと捉えることができる。

　未稼働客室は3.32億人泊となり、これは2016年の外国人客延べ宿泊数6,939万人泊の4.8倍であり、同年の訪日外客数2,404万人にこの倍数を乗じると1.15億人となることから、「現状の宿泊業でも、2030年の目標値6,000万人を余裕をもって賄える」という試算になる。

　しかし、宿泊施設の現状として主な分類軸に沿って稼働率を表3-2に示すと、地域別、業態別、月別のばらつきが大きいことがわかる。

　従って、これらのばらつきを外国人客誘致によって改善できるかが受け入れ態勢づくりの鍵となる。

　加えて、これは2016年時点のキャパシティであって、設備投資

表3-2　主な分類軸でみた客室稼働率（2016年）

（単位：%）

地域別	北海道運輸局管内	61.7
	東北運輸局管内	52.4
	関東運輸局管内	66.9
	北陸信越運輸局管内	42.4
	中部運輸局管内	57.3
	近畿運輸局管内	68.1
	中国運輸局管内	59.4
	四国運輸局管内	52.3
	九州運輸局管内	58.2
	沖縄総合事務局管内	65.0
業態別	旅　館	37.1
	リゾートホテル	56.9
	ビジネスホテル	74.4
	シティホテル	78.7
	簡易宿所	25.0
	会社・団体の宿泊所	27.1
月別	1月	52.1
	2月	58.3
	3月	60.4
	4月	58.2
	5月	57.3
	6月	57.1
	7月	61.4
	8月	68.4
	9月	61.6
	10月	63.0
	11月	61.0
	12月	56.8

資料：観光庁「宿泊旅行統計調査」

による宿泊キャパシティそのものの増加や、さらに施設を機能させるために人材の確保ができているかも重要な要件となってくる。

　また、既存宿泊業者の視点からは、民泊の利用増加、宿泊が不要なクルーズ船の利用者の増加も懸念される要素となる。

　本稿では現行統計を用いて訪日市場急伸の実態を踏まえた受け入れ態勢の課題の整理・点検を行う。以下、まず、第2節において既

存統計により訪日市場の量的・質的な動向について概観する。第3節では訪日事業のボトルネックについて各種資料を援用しつつ点検を行うと共に、関連する政府等の観光施策についてその課題に言及する。

2　訪日市場の動向

（1）　訪日市場の量的動向

　日本政府観光局の「訪日外客統計」によると、訪日外客数は2017年に入っても右肩上がりで推移しており、1-9月期でみると前年比17.9％増で推移している。2016年の前年比伸び率24.1％よりは鈍化したものの、このままの伸び率を維持すれば2017年の外客数は2,800万人超で着地し、2014年の1,341万人からわずか3年間で倍増するという結果となる。

　一方で、消費額の目標である2020年の8兆円の達成は、かなり難しい状況にある。観光庁の「訪日外国人消費動向調査」によると、1人当たり消費単価は2016年に前年比11.5％減と大幅に減少した。2017年1-9月期も、下げ止まりの傾向がみられるものの2.7％減で推移している。

　訪日外国人の消費単価は為替レートの動向に大きく左右される傾向にあり、特に2013年以降の連動性が高い。2017年7-9月期の消費単価は前年同期比で6.6％増とプラスに転じているが、これは2016年7-9月期のUSドルが102円という円高水準にあったことの反動も大きいと考えられる。実際、USドルベースでは1.6％減と5四半期連続のマイナスが続いている。

168

第3章◆拡大する訪日市場と受け入れ態勢の課題

　なお、2016年の急落については、「爆買い」ともいわれた中国人客における買物額の減少という個別要因が加わっている。減少の理由としては、関税率の引き下げにより日本で買うメリットが減ったことや、空港における購入代行業者に対する税関のチェック強化などが挙げられる。それでも、中国の訪日消費単価は2016年でみても23.2万円と高く、1国で訪日外国人消費額全体の約4割を占めている。

（2）　訪日市場における客層変化と消費性向

①　国籍別にみた動向

　国籍別にみた訪日外客数の動きでは、中国と韓国の伸びが顕著である。中国は2013年こそ尖閣諸島国有化の影響で131万人と停滞したが、2014年以降急増し、2016年には637万人にまで増加した。ただし、2017年の1-10月期は622万人と前年同期比12.9％の伸びに留まっている。

　一方、韓国は2017年1-10月期に40.0％増と大幅に伸びている。その要因としては、LCC路線開設の効果が大きいと考えられる。中韓2カ国の訪日外客数に占めるシェアは2016年に47.7％、2017年1-10月期では50.7％に達している。

②　入国港・渡航手段の変化

　法務省の「出入国管理統計」で外国人入国者数の港別構成比の変化を2014年から2016年でみると、関西空港の比率が22.4％から26.2％へ3.8ポイント増加している。首都圏では、羽田空港が1.7ポイント増加したが、成田空港は5.5ポイント減少している。

169

表3-3　国際航空旅客便に占めるLCC比率、クルーズ船外国人
入国者数の推移（夏期）

	国際線定期便		うちLCC		クルーズ船外国人入国者数	
	旅客便数/週	旅客便数対前年伸び率(%)	旅客便数/週	国際線に占めるLCCの割合(%)	実数(万人)	対前年伸び率(%)
2013年	3,267	2.8	286	8.8	17.4	—
2014年	3,600	10.2	338	9.4	41.6	139.1
2015年	3,897	8.3	540	13.9	111.6	168.3
2016年	4,556	16.9	899.5	19.7	199.2	78.5
2017年	4,728	3.8	1,113.5	23.6	217.5	26.1

資料：国土交通省航空局「2017夏期スケジュール　国際線定期便の概要」、国
　　　土交通省クルーズ振興室「Japan Cruise Report 12月1日号」
（注）　クルーズ船外国人入国者数の2017年は10月までの数値。

　福岡空港、那覇空港、中部空港、新千歳空港はいずれも増加し、
海港（特例上陸を除く）は減少した。その他の地方空港は5.2％か
ら4.5％に減少している。関西空港の利用が増えた要因はLCC路線
の増加であり、2017年1月にはLCC専用の第2ターミナルビルが
オープンするなどアジアのLCC路線のハブ化が進んだ。国土交通省
航空局によれば、日本全体の国際旅客便に占めるLCCの比率は
2017年の夏ダイヤで23.6％まで上昇している（表3-3）。

　クルーズ客の増加（特例上陸）も近年著しく、2014年の41.6万人
から2016年は199.2万人まで増加している。2017年1-10月期も
26.1％増で推移しており、2017年のクルーズ客は250万人を超える
可能性が高い。ただし、クルーズ客は宿泊施設に宿泊せず、一般に

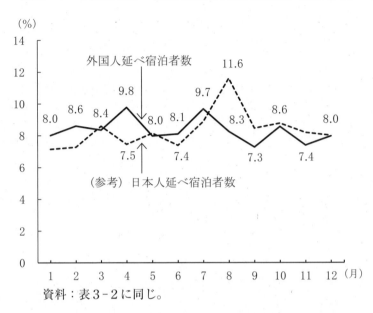

図3-1 外国人延べ宿泊者数の月別構成比（2016年）

資料：表3-2に同じ。

消費単価も低い。2016年の法務省「出入国管理統計」の「船舶観光上陸」をみると国籍ではアジアが97.2％を占め、うち中国が82.9％、台湾が10.4％、香港が2.2％を占めている。

③ 滞在月

　2016年の「宿泊旅行統計」から外国人の延べ宿泊数の月別構成比をみると、4月が9.8％、7月が9.7％で二つのピークとなっている（図3-1）。

　ただし、年次別の変動係数（標準偏差を平均値で除したもの）を算出すると、2013年の0.142から2016年は0.088まで低下しており、日本人よりも月次の偏りが少ない。また、日本人のオフに当たる

4月、6月や冬期にも集客できることから需要平準化に寄与している。

④　訪問地の動向

　三大都市圏を除く地方部での延べ宿泊数の比率は、2012年の32.5％から2017年1-9月期は40.3％と中期的に増加傾向にある（図3-2）。

　地域別にみると、関東のシェア減少が続いており、近畿、沖縄の増加が目立つ。地方部では東北、中部、中国のシェアが伸び悩んでいる。

⑤　旅行目的・旅行形態・世帯年収

　2016年の訪日外国人の旅行目的をみると、観光・レジャー目的の構成比が72.7％と前年の69.5％から3.2ポイント増加し、企業ミーティングなどビジネス目的が全般に減少している（表3-4）。

　旅行形態では、団体ツアーが25.6％から20.7％に減少する一方で、個別手配が62.1％から67.3％に増加しており、FIT[1]化が進んでいる。

　世帯年収は、500万円未満の比率が49.3％から58.4％に増加している。LCCやクルーズ利用者の消費単価は一般に低い傾向があり、利用者は比較的所得の低い層が中核となっているとみられる。

⑥　利用宿泊施設のタイプ

　2016年の訪日外国人の利用宿泊施設タイプ（複数回答）は、ホテ

1　交通や宿泊を旅行者が個別に手配する旅行形態。Foreign Independent Tour の略以外にも諸説あり。

第3章◆拡大する訪日市場と受け入れ態勢の課題

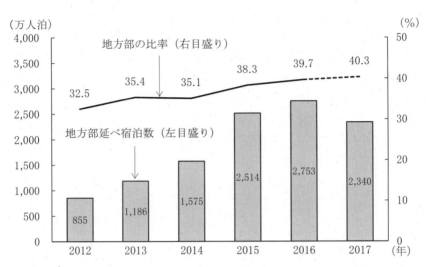

図3-2　地方部外国人延べ宿泊数とそのシェアの推移

資料：表3-2に同じ。
(注) 1　地方部は三大都市圏（埼玉・千葉・東京・神奈川・愛知・京都・大阪・兵庫）以外の地域。
　　 2　2017年は9月までの数値（2次速報値）。

ルが80.1％、旅館20.5％、ユースホステル・ゲストハウスが8.3％となっている。ホテル、旅館が減少し、民泊を含む「その他」が5.4％と2015年の3.1％から急増した。「その他」を四半期ごとにみると、2015年1-3月期の1.9％から直近の2017年7-9月期の15.4％まで、期を追うごとに増加していることがわかる。「住宅宿泊事業法」（民泊新法）に合わせて7-9月期からは「有償での住宅宿泊」という選択肢が設けられており、「その他」15.4％の8割に当たる12.4％がこれを選択していることが明らかとなっている（図3-3）。

173

表3-4 訪日外国人の客層の変化

(単位：%)

調査項目		2015年構成比	2016年構成比	構成比の増減
主な来訪目的	観光・レジャー	69.5	72.7	3.2
	親族・知人訪問	5.6	5.0	-0.6
	ハネムーン	0.5	0.4	-0.1
	学校関連の旅行	0.7	0.6	-0.1
	スポーツ・スポーツ観戦	0.4	0.4	0.0
	イベント	0.3	0.4	0.0
	留学	1.4	1.3	0.0
	治療・検診	0.1	0.1	0.0
	インセンティブツアー	0.5	0.6	0.0
	展示会・見本市	1.3	0.9	-0.3
	国際会議	1.8	1.4	-0.3
	企業ミーティング	5.4	4.5	-0.9
	研修	2.4	2.1	-0.4
	その他ビジネス	8.8	8.4	-0.3
	トランジット	0.5	0.5	0.0
	その他	1.0	0.7	-0.2
	合　計	100.0	100.0	0.0
旅行形態	団体ツアーでの来訪	25.6	20.7	-4.9
	個人旅行向けパッケージ商品を利用	12.3	12.0	-0.3
	個別手配	62.1	67.3	5.2
	合　計	100.0	100.0	0.0
世帯年収	500万円未満	49.3	58.4	9.0
	500万円以上1,000万円未満	29.0	25.8	-3.2
	1,000万円以上2,000万円未満	14.9	10.9	-3.9
	2,000万円以上3,000万円未満	2.8	2.2	-0.5
	3,000万円以上	4.0	2.7	-1.3
	合　計	100.0	100.0	0.0
利用宿泊施設	ホテル(洋室中心)	84.4	80.1	-4.3
	旅館(和室中心)	22.2	20.5	-1.7
	別荘・コンドミニアム	1.3	1.7	0.4
	学校の寮・会社所有の宿泊施設	2.8	2.6	-0.3
	親族・知人宅	7.7	7.4	-0.3
	ユースホステル・ゲストハウス	5.0	8.3	3.3
	その他	3.1	5.4	2.3

資料：観光庁「訪日外国人消費動向調査」
(注)1　網かけ部分は2016年に3ポイント以上構成比が増加した項目。
　　 2　利用宿泊施設は複数回答。

第3章◆拡大する訪日市場と受け入れ態勢の課題

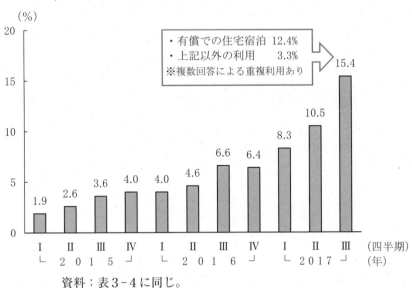

図3-3 「その他」宿泊施設の利用率の推移

資料：表3-4に同じ。

　なお「宿泊旅行統計調査」を基に外国人が利用する宿泊施設のタイプをみた場合、日本人を含めた全体のそれと比較してシティホテルの利用率が高い傾向にある（民泊は調査対象外）。一方、旅館の利用率は10.0％に留まっている。ただし、地域別にみると、北海道や四国で旅館利用率が全体よりも高い傾向がみられる。

⑦　費目別の消費動向
　すでにみたように旅行消費単価は減少傾向にあるが、その費目別構成比をみると、宿泊費の比率が上昇する傾向にある（図3-4）。飲食費と交通費は2016年にやや増加したが、2017年に入って横ばいとなっている。買物代は、中国人を中心にその構成比を落として

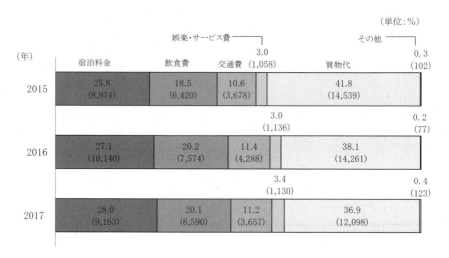

図3-4 旅行消費額の費目別構成比

資料：観光庁報道資料「訪日外国人消費動向調査年間値」各年
(注) 1 （ ）内は消費金額（億円）。
　　 2 2017年は1-3月期、4-6月期、7-9月期の速報値を合計した。

おり、2017年1-9月期は36.9％と、15年の41.8％から約5％落ち込んでいる。

　宿泊費比率増加の一因としては、わが国における宿泊単価の中期的な上昇傾向が挙げられる。

　宿泊単価に関する統計としては、「消費者物価指数」と「小売物価統計調査」がある（いずれも総務省）。前者はわが国の家計消費の調査を基にしたもので、後者は宿泊者数が多い99市町村を抽出したうえで、宿泊者数の多い施設320軒を調査したものである。

　表3-5をみると、いずれも2013年までの低迷から2015年にかけて急速に上昇している。ただし、2016年からは「消費者物価指数」

第3章◆拡大する訪日市場と受け入れ態勢の課題

表3-5　宿泊単価に関する統計指標の推移

	宿泊料(指数)	旅　館 (1泊2食、平日、円)	ホテル (1泊朝食、平日、円)
2006年	95.3	16,185	15,258
2007年	96.3	15,915	15,373
2008年	95.8	16,084	15,169
2009年	93.6	15,732	14,567
2010年	92.2	15,461	14,564
2011年	90.1	15,169	14,172
2012年	90.9	15,390	14,759
2013年	91.1	15,573	15,013
2014年	96.0	15,966	16,139
2015年	100.0	16,315	17,237
2016年	102.3	16,770	16,572
2017年	103.5	17,519	16,090

資料：総務省「消費者物価指数（2015年基準）」「小売物価統計調査」
（注）　2017年は10月までの数値。

では伸び率は鈍化したもののプラスを維持しているが、「小売物価統計調査年報」では旅館（１泊２食）は増加、ホテル（１泊朝食）は減少と異なる結果となった。大型の低価格ホテルが増加して標本が入れ替わった可能性もあるが、主要宿泊地の大型ホテルで値を下げて空室を埋める局面も増えていると考えられる。

3　訪日市場のボトルネックと観光政策の点検

　訪日市場の概観を踏まえて、インバウンド事業を進めるうえでのボトルネックについて考察する。インバウンド事業にも、交通事業、

177

飲食店、小売業などさまざまな業種があるが、論点が拡散するのを防ぐため、ここでは代表的な産業として宿泊業の視点からの整理を試みる。また、ボトルネックと関連する政府等による観光施策（主に観光立国推進基本計画に関連する施策）とその課題にも言及する。

　以下では、最初に収益に関するボトルネックとして、宿泊客数と消費単価の停滞および減少リスクについて述べる。次に、経営環境からみたボトルネックとして、人材不足、国内旅行市場の縮小リスクについて触れる。

（1）　宿泊客数に関するボトルネック

①　発地国の集中

　前述の通り、2017年１–10月期では訪日外客数の50.7％を中韓２カ国が占める状況となっている。わが国と中国、韓国との間には、領土問題や政治問題があり、過去にも旅行市場に影響を与えてきた。また両国に限らないが、財政赤字や不良債権など経済面のリスクを抱えている。これとは別に、両国からの来訪客が急増した間接的な要因には、THAAD（終末高高度防衛）ミサイルの韓国への配備計画を巡る両国関係の悪化から海外旅行先として日本が選択されるという代替効果も少なくない。従って、両国の和解が進めばその効果は縮小すると考えられる。

　幸い、東南アジア、欧米豪においてもわが国の人気は上昇しており、マーケティング資源をこうした国々に配分していくこともリスク分散のためには必要となろう。なお、政府においては、「観光ビジョン実現プログラム」のなかで欧米の訪日無関心層の開拓に向け

178

たキャンペーンを進めている（小堀、2017）。今後は、外資系OTA[2]に対抗するうえでも、関心層に向けたツアー商品の流通促進や国内事業者ブランド力向上にも支援が望まれる。

② 設備投資の増加と競合

　図3-5は、財務省の「法人企業統計調査」により2010年1-3月期からの宿泊業の設備投資および経常利益の推移を中心5四半期移動平均でみたものである。経常利益が東日本大震災のあった2011年を底として、訪日市場の回復と共に次第に立ち上がり、2017年1-3月期には1,736億円まで上昇している。これに対して、設備投資は2014年以降増加傾向となり、経常利益に比べると緩やかな角度で上昇し2017年1-3月期には1,299億円に達している。

　なお、宿泊業の特徴として、資本金1億円未満の中小企業が産業に占めるシェアが高い。2017年1-3月期では、売上高の65.4％、経常利益の75.4％、従業員数の73.2％、設備投資の42.9％を中小企業が占める。ただし、資本金規模が小さい事業者のなかに全国展開の大規模チェーンも多数含まれているため、この分類には問題もある。

　各種公表資料から、今後も宿泊産業の設備投資は活発に進むことが予想されており、当面供給室数の増加が続くことになる。

　従って、外国人客数の伸びが鈍化した場合には、施設間の競合が激しくなるリスクがある点に留意する必要がある。

　政府においては、宿泊施設の不足を念頭にこれまで容積率緩和などの投資促進施策を進めてきているが、今後は地域ごと、客層ごと

───────────
2　インターネット上だけで取引を行う旅行会社のこと。Online Travel Agentの略。

図3-5 宿泊業の設備投資および経常利益の推移

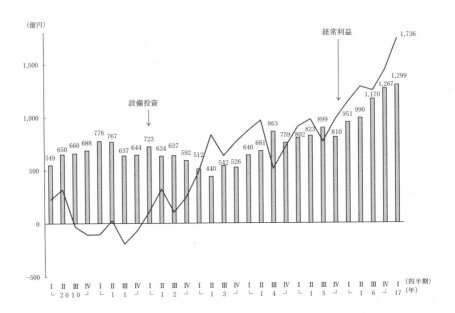

資料：財務省「法人企業統計調査」
（注）　数値は中心5四半期移動平均

の需給状況を見据えたきめ細かな施策の運営が望まれる。

③　平準化効果の縮小

　訪日外国人の月次の分散係数は年々小さくなり、すでに日本人よりも低い水準にある。従って、訪日外国人の取り込みによるオフシーズンの底上げの余地は、これまでより小さくなってきていると考えられる。
　一方で、オンシーズンの外国人客が増加することや単価の上昇か

図3-6 8月の延べ宿泊数と外国人比率の推移

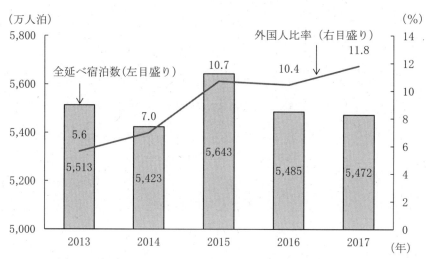

資料：表3-2に同じ。
（注）　2017年は2次速報値。

ら、日本人の受け入れ室が減少する可能性もある。図3-6は、宿泊客数のピークである8月の全宿泊延べ数と外国人シェアの経年推移をみたものである。8月の延べ宿泊数は2015年に5,643万人泊を記録したが、2016年、2017年はこれをやや下回っている。特に2017年8月は外国人比率が11.8％と過去最高の水準に達しているが、日本人の減少がそれを打ち消した形となった。

　もちろん、稼働率の水準が相対的に低い地方部においては、花や祭事などオフシーズンの地域資源の商品化を進めるなどして、需要の平準化を促進する余地は依然として大きいと考えられる（日本政策投資銀行・（公財）日本交通公社、2017）。国においては、休暇改革のなかで国内旅行の平準化がまず重視されており、そのこと自

体は妥当である。今後は、地域レベルでの平準化の立場からMICE[3]や行祭事等の海外プロモーションを展開していくべきであろう。

④　地方分散効果の停滞

　地方分散が徐々に進んでいるが、地方来訪客が今後もリピートするか否かは未知数である。香港の旅行者などは、「未だ行ったことの無いところ」を優先する傾向があり、再訪を促すにはサービス水準の高さや資源の多様性などの訴求が必要とされる。

　すでに述べたように入国空海港に占める地方空港の比率は低位で安定してしまっており、国際路線開設の難しさが浮き彫りになっている。地方空港からの入国を増やすには、中核都市を中心とした買い物の魅力や飲食の魅力を発信していくことも重要となる。また、空港までのアクセスを地域として確保していくことが重要である。例えば仙台空港では、南東北の主要観光地までの直行バスを相次いで開設して利便性を高めつつある。九州エリアでは、レンタカー向けのドライブキャンペーンを行って、交通不便地域への立ち寄りを増やしてきた。

　国の施策としては、首都圏空港の機能強化や基幹空港を中心とした国管理空港における空港民営化が重視されており（北海道を除く）、地方空港の利用率の上昇は自助努力によるところが大きい（水嶋、2017）。従って、成田や関空などの基幹空港を発着するバスツアー

3　企業等の会議（Meeting）、企業等の行う報奨・研修旅行（インセンティブツアー）（Incentive Travel）、国際機関・団体、学会等が行う国際会議（Convention）、展示会、イベント（Exhibition/Event）の頭文字のことであり、多くの集客交流が見込まれるビジネスイベントなどの総称である。

第3章◆拡大する訪日市場と受け入れ態勢の課題

の誘致や、FIT向けの足を周遊パス等で補完していくことが重要となると考えられる。

（2）　宿泊単価減少に関するボトルネック

① 為替レート

すでに述べたように、為替レートと1人当たり旅行支出には相関関係がある。「訪日外国人消費動向調査」がスタートした2010年4-6月期から直近の2017年7-9月期をとり、旅行支出を被説明変数、円／USドルレートを説明変数とする単回帰を行うと、以下のモデル式が得られる。

$$旅行支出 = 50,406 + 966.8 × [円/USドルレート]$$
< 決定係数（補正後R2）：0.776　説明変数のt値：9.86 >

この式に従えば、仮に10円円高になれば、支出が約1万円減ることになる。宿泊費は旅行支出の一部（2016年は28％）であり、クルーズ客を除けば必ず利用される支出項目でもあるから、旅行支出の減少率がそのまま適用されるとは限らない。しかし、旅行費用の高騰は旅行者数にも負の影響があることから、売り上げへのダメージは人数と単価の両面で複合的に現れる点に留意する必要がある。

為替の安定、あるいは円安水準の維持については政府・日銀の施策によるところが大きいが、国際収支における旅行収支のウエートも高まっており、引き続き安定性に配慮した政策運営に期待したい。

183

② 客層大衆化と民泊との競合

　すでにみたように、2015年から2016年にかけての市場拡大は世帯年収500万円以下の、いわば大衆層が中心となっており、富裕層のシェアは低下している。従って、富裕層をターゲットとしている宿泊事業者にとっては、訪日外客数の増加がターゲットの増加に直結していない。逆に、客層や供給サイドの質の低下が地域のブランド力を押し下げる可能性が懸念される。

　また、民泊新法が2018年から施行され、既存の比較的低価格帯の宿泊事業者にとっては競合先となってくる。こうした施設は、Airbnbをはじめ海外の宿泊予約サイトと直結している点で流通面での競争力が強いとみることもできる。大手バジェットホテルチェーンは別として、低価格帯の宿泊施設の情報発信を、地域や国において支援していくことが施行後により重視されるものと考えられる。

（3）　経営環境からみたボトルネック

① サービス水準の低下と人材確保

　図3-7は、2010年1-3月期以降の売上高と従業員数の推移を、全体と資本金1億円未満の2区分で中心5四半期移動平均でみたものである。

　売上高は2015年7-9月期の1.41兆円を底として、その後は増勢が続いており、2017年1-3月期は1.95兆円にのぼっている。しかし、この間の従業員数のピークは実は2012年1-3月期の62.1万人である。その後従業員数は2015年7-9月期の41.7万人まで減少を

図3-7　宿泊業の売上高および従業員数の推移

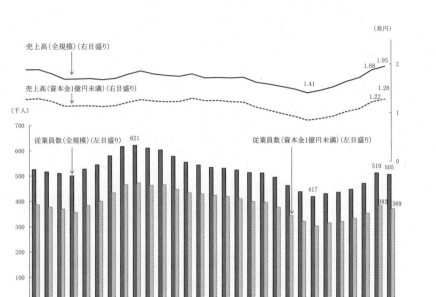

資料：財務省「法人企業統計」
（注）　数値は中心5四半期移動平均

続けた後反転し、2016年10-12月期に51.0万人まで回復した。しかし、2017年1-3月期には従業員数はわずかながら減少しており、売上高と異なる動きを示した。

　この動きから懸念されるのは、顕在化しつつある労働力不足である。売上高や経常利益が上昇するなかで従業員数が横ばいとなる要因が、平準化や経営改善による業務効率の向上に起因するものとは限らない。特に、外国人向けのサービスでは言語能力だけではなく、

文化の違い等からくる予想外の行動への柔軟な対応も必要とされ、業務効率が低下しやすいとの声も多い。

　一方、宿泊業の人員当たり人件費は2015年7-9月期を底に上昇傾向にあるが、1人当たり売上高や経常利益の伸び率を大きく下回る水準で推移している。人的サービスで成り立つ産業だけに、良質な人材の確保と育成は、一層重要な課題となってくるだろう。国による人材育成施策はこれまで経営人材の育成に重点が置かれてきている。今後は地域と連携しつつ宿泊業等の質の高い従業員育成を支援していくことが喫緊の課題と思われる。

② 　国内旅行市場の停滞とロイヤルティ低下

　外国人客の増加の一方で、日本人の宿泊旅行消費額は、2015年の15.8兆円から2016年は16.0兆円とほぼ横ばいで推移した（観光庁「旅行・観光消費動向調査」）。

　2016年の（公財）日本交通公社（JTBF）の調査では、外国人観光客の増加が国内旅行に与えた影響について聞いている（図3-8）。その結果、「宿泊施設の予約が取りにくくなった」が23.9％、「宿泊施設の雰囲気が悪くなった」が16.6％、「宿泊費が上がった」が15.9％の回答を集めている。この調査対象者のなかには「あまり宿泊旅行をしない人」や「2年に1回程度」の人が42.4％含まれている。従って、旅行者の実感はこれよりも大きく、訪日市場の急速な拡大が少なからず国内旅行に負の影響を与えていることがうかがえる。

　外国人客が増加したとはいえ、日本全体での延べ泊数に占める外国人比率は14.3％に留まる。従業員が外国人客へのサービスに追われて日本人へのサービスが疎かになれば、宿泊単価が上昇するなか

第3章◆拡大する訪日市場と受け入れ態勢の課題

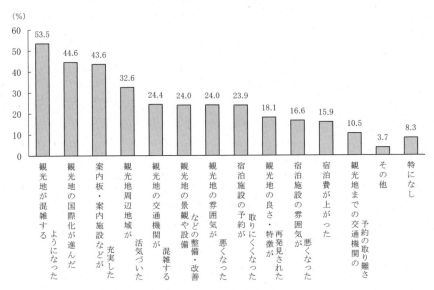

図3-8　外国人観光客の増加が国内旅行に与えた影響

資料：JTBF「JTBF旅行意識調査」（2016年6月）
（注）　全国18～79歳の男女1,340人対象、郵送自記式

で国内旅行の満足度の低下につながる。

　宿泊業に限らず、観光地においては、地域住民を含め、その地域へのロイヤルティ（思い入れ）の高い層にとって満足度の高い観光地・施設であり続けることが重要である。ロイヤルティの低い客層はリピートしないことから、そうした客層に対応した供給事業者はいずれ淘汰される可能性が高い。

　例えば、京都市で導入が検討されている宿泊税は、東京都や大阪府よりも税率が高めに設定されている。これは、外国人客の増加が市民生活に悪影響を与え始めたなかで、原因者負担を求める性格の

税制ともいえる。使途には、「道路の渋滞や公共交通機関の混雑対策」や「違法民泊の適正化」などが含まれる予定であり、高品質の観光地を維持する取り組みの一つとしても注目される。

（初出：『日本政策金融公庫論集』第38号、2018年2月）

＜参考文献＞

小堀守（2017）「訪日外国人旅行の最新動向と「観光先進国」実現への歩み―2020年以降を見据えた訪日旅行消費拡大に向けた取り組み―」日本観光研究学会『観光研究』Vol.29.No. 1、pp.54-59

（公財）　日本交通公社（2017）『旅行年報2017』日本交通公社

日本政策投資銀行・（公財）日本交通公社（2017）"DBJ・JTBF アジア・欧米豪 訪日外国人旅行者の意向調査（平成29年版）" http://www.dbj.jp/ja/topics/region/industry/files/0000028801_file2.pdf（参照2017-12-28）

水嶋智（2017）「昨今の政府の観光政策について」JTBF旅行動向シンポジウム講演資料

UNWTO（2017）*UNWTO World Tourism Barometer, Annex*

第 4 章
インバウンドの増加と国内旅行業

公益財団法人日本交通公社
主任研究員　柿島　あかね

1　はじめに

　訪日外国人旅行者（インバウンド）数は年々増加している。日本
政府観光局（JNTO）によると、2016年には過去最高の2,404万人（前
年比21.8％増）となった（図4-1）。背景としては、近年のLCCも
含めた航空路線の拡大、クルーズ船の寄港回数の増加、2003年以降
継続的に行っている「ビジット・ジャパン・キャンペーン」、ビザ
の緩和、消費税免税制度の拡充など、さまざまな取り組みを戦略的
に行ってきた成果に加え、円安等の外部環境も追い風となったこと
が挙げられる。

　政府は、この状況をブームで終わらせることなく、観光をわが国
の基幹産業へと成長させ、「観光先進国」となるため、2016年3月
に「明日の日本を支える観光ビジョン」を策定した。ビジョンでは
「全国津々浦々その土地ごとに、日常的に外国人旅行者をもてなし、
我が国を舞台とした活発な異文化交流が育まれる、真に世界へ開か
れた国」となるとともに、観光による地方創生が掲げられている。
こうした国の政策を受け、都道府県、市町村でもインバウンド関連
施策に積極的に取り組む地域は多い（図4-2）。少子高齢化に伴い、
国内市場が縮小するなか、インバウンド誘致による日本経済や地域
経済の活性化、地域振興への期待の大きさがうかがえる。

　また、好調な訪日旅行消費に商機を見出し、国内の企業では、銀
行各行における海外発行クレジットカードに対応するATMの導入、
コンビニ各社における訪日外国人を対象とした決済環境整備、小売
店における越境ECの促進等、受け入れ態勢拡充を中心として、さ

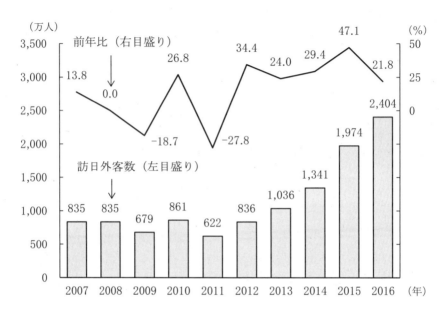

図4-1 訪日外客数の推移

資料：日本政府観光局「訪日外客数」

まざまなインバウンド事業が展開されている。なかでも、わが国の旅行会社は明治時代から訪日外国人の誘致や受け入れを行っており、現在でも、積極的に訪日事業を展開している。ただし、取扱額の観点からは拡大の余地を残している。そこで、本稿では、インバウンド市場と国内の旅行会社におけるインバウンド事業の現状を把握し、インバウンド需要を取り込んでいくための課題整理を行うこととする。

第4章◆インバウンドの増加と国内旅行業

図4-2 平成29年度に都道府県、主要市町村が観光政策において特に重点的に取り組む予定の分野

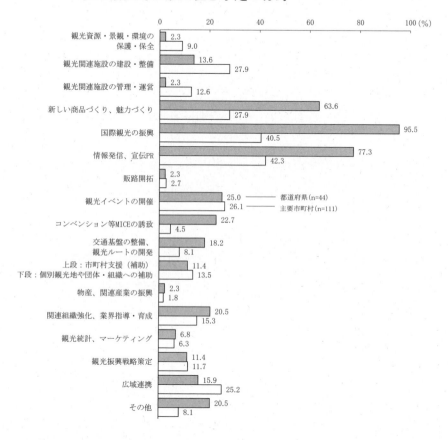

資料：(公財) 日本交通公社『旅行年報』(2017)
(注) 都道府県は複数回答、主要市町村は三つまで選択して回答。

2　インバウンド市場と国内の旅行会社の訪日旅行事業の現状

（1）　インバウンド市場の現状

① 訪日外国人旅行者の動向

　訪日外国人旅行者数を国籍・地域別にみると、単年ごとの順位の変化はあるものの、過去 5 年間では、中国、韓国、台湾、香港、米国が常に上位 5 位を占めている。2016年に訪日外国人旅行者数が増加した主な要因として、中国、韓国、台湾など東アジアからの旅行者数の増加が挙げられる（表 4－1）。わが国の好調なインバウンド市場は東アジア市場に支えられている。一方、近年では、マレーシア、インドネシア、フィリピンが前年比30％程度増加し、東南アジアの伸び率も顕著である。

　また、訪日目的をみると、過去 5 年間において、観光・レジャー目的客の割合が増加傾向にあり、2016年には 7 割を超えている。

　訪日経験回数は、2013年から2015年にかけて 1 回目の割合が増加傾向にあった。2016年は2015年と同様の構成比となっており、1 回目の割合が 4 割程度となっている。リピーター率は、台湾（81.2％）、香港（81.1％）が高い。

　旅行手配方法をみると、2013年以降、団体ツアーと個人向けパッケージ商品を合計した募集型企画旅行の利用率は増加傾向にあったが、2016年はやや減少した。国籍別にみると、中国（52.3％）、台湾（47.7％）、香港（32.9％）、タイ（29.3％）、ベトナム（27.1％）、マレーシア（21.8％）など東アジアや東南アジアの国で利用率が高い。

194

第4章◆インバウンドの増加と国内旅行業

表4-1　2016年における訪日外客数と訪日外国人旅行消費額

国・地域	訪日外客数（単位：人数は人、その他は%）				1人当たり旅行支出（単位：金額は円、前年比は%）	訪日外国人旅行消費額（単位：金額は億円、その他は%）			
	訪日外客数	シェア	前年比	寄与度	前年比	訪日外国人旅行消費額	シェア	前年比	寄与度
全体	24,039,700	100.0	21.8	21.8	155,898	▲11.5	37,476	100.0	7.8	9.1
韓国	5,090,302	21.2	27.2	5.5	70,281	▲6.5	3,577	9.5	18.9	1.6
台湾	4,167,512	17.3	13.3	2.5	125,854	▲11.1	5,245	14.0	0.7	0.1
香港	1,839,193	7.7	20.7	1.6	160,230	▲7.0	2,947	7.9	12.2	0.9
中国	6,373,564	26.5	27.6	7.0	231,504	▲18.4	14,754	39.4	4.1	1.7
タイ	901,525	3.8	13.2	0.5	127,583	▲15.3	1,150	3.1	▲4.2	0.1
シンガポール	361,807	1.5	17.2	0.3	163,210	▲12.9	591	1.4	2.1	0.0
マレーシア	394,268	1.6	29.1	0.5	132,353	▲12.0	522	1.4	13.6	0.2
インドネシア	271,014	1.1	32.1	0.3	136,619	▲7.2	370	1.0	22.7	0.2
フィリピン	347,861	1.4	29.6	0.4	112,228	▲11.3	390	1.0	14.9	0.1
ベトナム	233,763	1.0	26.1	0.2	186,138	▲4.5	435	1.2	20.5	0.2
インド	122,939	0.5	19.3	0.1	144,275	▲2.7	177	0.5	16.1	0.1
英国	292,458	1.2	13.1	0.2	181,795	▲13.7	532	1.4	2.4	▲0.0
ドイツ	183,288	0.8	12.7	0.1	171,009	▲0.0	313	0.8	12.7	0.1
フランス	253,449	1.1	18.3	0.2	189,006	▲9.7	479	1.3	6.8	0.1
イタリア	119,251	0.5	15.6	0.1	198,000	▲2.0	236	0.6	13.2	0.1
スペイン	91,849	0.4	19.0	0.1	224,072	▲1.4	206	0.5	17.3	0.1
ロシア	54,839	0.2	0.9	0.0	190,874	▲4.6	105	0.3	5.5	0.0
米国	1,242,719	5.2	20.3	1.1	171,418	▲2.4	2,130	5.7	17.4	0.9
カナダ	273,213	1.1	18.1	0.2	154,977	▲9.2	423	1.1	7.2	0.1
オーストラリア	445,332	1.9	18.4	0.4	246,866	▲6.7	1,099	2.9	26.3	0.7
その他	979,554	4.1	14.4	0.6	183,083	▲2.8	1,794	4.8	17.5	2.0

資料：日本政府観光局（JNTO）「訪日外客数」、観光庁「訪日外国人消費動向調査」
（注）1　網掛けの部分は、上位3カ国
　　　2　前年比は対前年増加率のことである。
　　　3　寄与度は、全体の前年比に対し、各国がどれほど寄与したかを示すもの。合計が全体の前年比に等しくなる。

195

② 旅行支出の動向

　観光庁の「訪日外国人消費動向調査」によると、2016年の訪日外国人旅行消費額は3兆7,476億円（対前年比7.8％増）となり、過去最高を記録した（図4‐3）。1人当たりの旅行支出は15.6万円で前年比11.5％の減少となったが、訪日外国人旅行者数が増加したことによって旅行消費額増につながった。また、国籍・地域別に旅行消費額をみると、上位5位は旅行者数と同じく、中国、台湾、香港、韓国、米国となっており、これらの国籍・地域で訪日外国人旅行消費全体の76.5％を占めている（前掲表4‐1）。

　わが国では長らくアウトバウンド（海外旅行者）がインバウンドを上回り、旅行収支は不均衡な状態が続いていたが、2015年には53年ぶりに黒字に転じた。さらに2016年の旅行収支黒字額は2015年を上回っている。

（2）　国内旅行会社における外国人旅行取り扱い

　観光庁の「主要旅行業者の旅行取扱状況」によると、外国人旅行（国内の旅行会社が取り扱うインバウンド旅行）の総取扱額は2016年度に2,005億円、訪日外国人旅行消費額[1]3.8兆円の5.3％となっており、過去5年間においても5％前後で推移している（図4‐4）。

　外国人旅行の総取扱額の5年間の推移では、2012年度の660億円から2016年度は2,005億円とおよそ3倍、国内の旅行会社の総取扱額に占める外国人旅行の総取扱額も1.1％から3.6％とおよそ3倍に

1　四半期ごとの値を合計して年度の消費額を算出した。

第4章◆インバウンドの増加と国内旅行業

図4-3　訪日外国人旅行消費額の推移

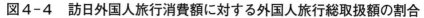

資料：観光庁「訪日外国人消費動向調査」

図4-4　訪日外国人旅行消費額に対する外国人旅行総取扱額の割合

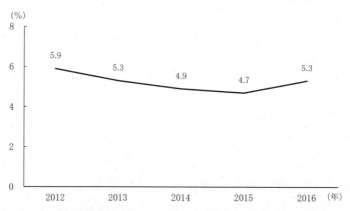

資料：外国人旅行取扱額は観光庁「主要旅行業者の旅行取扱状況年度総計」、
　　　訪日外国人旅行消費額は「訪日外国人消費動向調査」による。

なっており、年々増加傾向にある（表4-2）。旅行会社別の内訳をみると、上位の大手旅行会社4社の取扱額が総取扱額の8割を占めており、旅行全体と比較しても、一部の企業による寡占傾向が顕著である（図4-5）。

　募集型企画旅行（パッケージツアー）に占める外国人旅行の取扱額は、年々増加しているものの、国内の旅行会社が販売する募集型企画旅行に占める外国人旅行の割合は過去5年間、1％未満で推移している（表4-2）。なお、総取扱額に占める募集型企画旅行の割合は海外旅行が30％程度、国内旅行は20～30％程度で推移していることから、外国人旅行の特徴として募集型企画旅行の割合が低いことが挙げられる。

　国内の多くの旅行会社は日本発の海外旅行や国内旅行等、国内市場を中心とした事業を行っており、外国人旅行の取り扱いはごくわずかである。特に、募集型企画旅行についてはほとんど利用されていない。以上から、訪日外国人旅行者の多くが居住している現地の旅行会社を利用していると推察できる。

（3）　国内の旅行会社におけるインバウンドビジネス

①　ビジネスモデルの類型

　立教大学観光学部旅行産業研究会（2016）によると、国内の旅行会社におけるインバウンドビジネスのモデルは大きく三つに分類される。一つ目は海外の旅行会社からの依頼を受け、企画やコンサルティングを行うほか、ホテル、レストラン、鉄道、バス、イベント、ガイド等の手配を行うものである。観光・レジャー目的のパッケー

第4章◆インバウンドの増加と国内旅行業

表4-2　国内旅行会社における外国人旅行の特徴

（単位：金額は億円、割合は％）

(年度)	国内旅行会社の総取扱額 (A)	うち外国人旅行 金額(B)	割合(B/A)	うち募集型企画旅行 金額(C)	割合(C/B)	国内旅行会社による募集型企画旅行の総取扱額 (D)	うち外国人旅行 金額(E=C)	割合(E/D)	国内旅行会社の行先別取扱額に占める募集型企画旅行の割合 海外旅行	国内旅行
2012	62,569	660	1.1	27	4.2	16,880	27	0.2	33.4	23.6
2013	63,434	832	1.3	37	4.5	17,745	37	0.2	35.6	24.2
2014	64,282	1,210	1.9	52	4.3	17,261	52	0.3	33.2	24.1
2015	56,961	1,760	3.1	71	4.0	17,144	71	0.4	31.1	30.8
2016	55,656	2,005	3.6	71	3.5	16,167	71	0.4	29.8	30.1

資料：観光庁「主要旅行業者の旅行取扱状況年度総計」
(注)　外国人旅行は日本の旅行会社によるインバウンド旅行の取り扱いを示す。

図4-5　外国人旅行と旅行全体の旅行会社別総取扱額とシェア（2016年度）

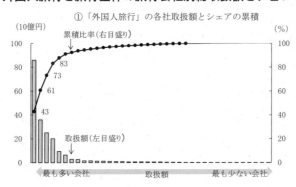

①「外国人旅行」の各社取扱額とシェアの累積

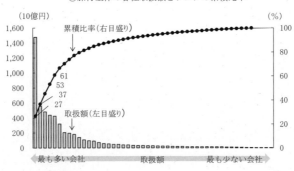

②旅行全体の各社取扱額とシェアの累積比率

資料：表4-2に同じ。

199

ジツアーや、教育旅行、インセンティブツアー（企業等の報奨・研修旅行）など海外の企業がオーガナイザーを務めるMICE[2]の場合は「Intermediate」と呼ばれる仲介業者を通じて、企画の依頼や手配を受けるケースが多い。

二つ目は海外の企業や組織から海外の旅行会社を通さずに直接日本の旅行会社へ依頼があった際に手配を行うものである。日本の企業がオーガナイザーを務めるMICEの場合はこのケースが多い。

三つ目は海外から旅行者が予約する際のオンラインサイトの運営である。この場合、航空券、ホテル等の単品販売が中心となる。

②インバウンド事業戦略

近年、主要旅行会社では、インバウンド事業の強化を目的に部署の新設等が行われている。例えば、JTBではグループ全体で訪日ビジネスを拡大するため、2016年に「訪日インバウンドビジネス推進部」を、日本旅行では2015年に「インバウンド事業創造チーム」をそれぞれ設置した。KNT-CTホールディングスでは2017年に「㈱KNT-CTグローバルトラベル」が事業を開始した。

また、特定市場の強化を目的とした海外の企業との連携も近年積極的に行われている。エイチ・アイ・エスでは2015年に中国の同程国際旅行社有限公司との合弁で「LY-HISトラベル㈱」、韓国のオンラインショッピングモールである㈱INTERPARKとの合弁で

2　企業等の会議(Meeting)、企業等の行う報奨・研修旅行(インセンティブツアー)(Incentive Travel)、国際機関・団体、学会等が行う国際会議(Convention)、展示会、イベント(Exhibition/Event)の頭文字のことであり、多くの集客交流が見込まれるビジネスイベントなどの総称である。

「㈱INTERPARK JAPAN」をそれぞれ設立し、中国市場、韓国市場を強化している。また、2016年にはインドネシアの現地法人とバンクネガラインドネシア（BNI銀行）との業務提携を開始した。また、FITの進展に伴い、BtoC強化に関する取り組みもみられる。この例としては、急増する東南アジアからの訪日需要を取り込むため、JTBがマレーシアやフィリピン、香港へ出店した例がある[3]。

③ 国内の主要旅行会社におけるインバウンド関連商品

　日本発の海外旅行や国内旅行に比べて外国人旅行は少ないものの、近年ではさまざまな旅行商品が造成、販売されている。

　主なものとして1964年に当時の㈱日本交通公社（現：JTB）が販売した「サンライズツアー」が挙げられる。2013年にはリピーターやアジア圏向け体験重視・価格訴求型商品ブランド「エクスペリエンス・ジャパン」が加わった。さらに2016年（2017年出発商品）には、訪日外国人向けの旅行商品ブランドを再度一本化するためにエクスペリエンス・ジャパンをサンライズツアーに統合し、五つの商品カテゴリー[4]に分類して販売している。

　また、訪日外国人から高い関心を集める「日本食」に注目した商

3　マレーシアではイスラム教徒をターゲットとした「JTB Travel Saloon Aeon Shah Alam」(2016年5月)や「JTB ISETAN The Japan Store Kuala Lumpur」(2016年10月)、フィリピンでは「JTB Travel Saloon-Mall of Asia」(2016年8月)、香港では「JTBトラベルサロン・コーズウェイベイ店」(2017年6月) を開業した。
4　五つの商品カテゴリーは以下の通り。「Multi Day Tours」(宿泊付周遊型ツアー)、「Day Trips」(多言語の観光案内士が同行する日帰りツアー)、「Train Package」(新幹線を使った東京、大阪、京都を発着地としたツアー)、「Free & Easy」(FITをターゲットとした宿泊とレンタカーがセットになったプラン)、「Extras」(バスツアー、フリーパス、エンターテインメントチケット、食事券等が付いたもの)

201

品や、歴史文化に関連した商品等、リピーターやFITに対応した募集型企画旅行商品も登場している。

　例えば、日本旅行では2016年7月に外国人向けに日本の食品の通販事業を行うゴハンスタンダードと資本提携し、日本食品専門の越境ECプラットフォーム「和食エクスプローラー」上での食品の販売、食品の生産地等への訪問を旅行目的としたインバウンド向け旅行商品の造成や販売、旅行中後の商品販売の推進等が行われた。

　JTBは「ロイヤルロード銀座」において、2017年1月からガイドが銀座の画廊を案内し、買い物や商談をサポートする「Ginza Art Gallery Hopping Tour with Guide」や有名建築家がデザインした建物の外観をガイドとともに見学する「Architecture Tour with Guide」を販売している。このように、旅行商品は多様化している。

　さらに、近年では、FITに対応したオンラインサイトも増えている。例えば、KNT-CTホールディングスの「TABEE JAPAN」、阪急交通社の「Travel to Japan」、5言語に対応した沖縄ツーリストの「One Two Smile Hotel /Activities」等がある。

　以上から、大手旅行会社では、BtoBを基本とした企画や、手配業務に加え、FITを対象としたウェブサイト上での旅行商品の販売、海外における新規店舗の出店、日本（着地）での販売拠点の開設等、BtoCの強化も進めており、事業の多角化によって、外国人旅行の取扱額のシェアを拡大しているものと推察される。また（公財）日本交通公社（JTBF）が実施したヒアリング[5]の結果から、中小旅行会

5　JTBFの自主研究「訪日市場の動向に関する研究」において2016年8月に台湾の旅行会社5社、2017年2～3月に香港の旅行会社4社、香港旅遊業協会、JNTO香港事務所を対象に実施。

社では、ランドオペレーター（ツアーオペレーター）業務を中心に行うケースが多いことが明らかとなっている。

3　インバウンド市場と海外の旅行業

　これまでの分析から、訪日外国人旅行者は旅行会社を利用する場合、旅行者が居住する現地の旅行会社を利用しているケースが多いと推察される。そこで、訪日外国人旅行者数が多く、旅行会社の利用率が比較的高い台湾、香港、中国の旅行業界や訪日旅行商品の現状を明らかにする。

（1）　台　湾

① 台湾市場の近年の動向

　日本政府観光局（2016a）によると、2016年における台湾の出国者数は1,459万人で出国率（人口に占める出国者の割合）は6割を超えている。出国者に占める訪日旅行者比率も増加傾向にあり、2016年は28.6％となった。

② 台湾の旅行業界の特徴

　日本政府観光局（2016b）によると、台湾の旅行会社はおよそ2,700社で、うち200社が訪日旅行を取り扱っている。旅行会社の規模は最大手で従業員1,500人程度となっており、大多数は従業員数が数十人規模の中小旅行会社となっている。

　前述のヒアリングによると、台湾の旅行業界の特徴として「キー

203

エージェント制」と「PAK」が挙げられる。

　キーエージェント制は台湾の航空会社（LCCは除く）が一定以上の販売力をもつ旅行会社に対し、優先的に航空座席を割り当てる仕組みである。航空会社はチャーター便の航空座席が売れ残るリスクを軽減することができ、旅行会社は繁忙期に優先的に航空座席を仕入れることができる。

　近年ではFIT化が進み、旅行会社の航空会社に対する影響力は以前と比べて弱まってきているが、航空路線の拡大により、一部で航空座席の供給過多が起きている。特に閑散期においてその傾向は顕著で、キーエージェント制に加盟している旅行会社は、航空会社から割り当てられた座席を販売することが課題となっていた。その対応策がPAKである。

　PAKは複数の旅行会社で同一の団体ツアーを造成・販売する仕組みである。PAKに加盟する旅行会社のうち1社が幹事会社となり、航空会社や他の加盟会社と連携し、商品造成やツアー募集を行うことによって、閑散期等に代表される「売れにくい」商品を各社の強みを生かして一体となって販売する仕組みである。

　観光庁「訪日外国人消費動向調査（2016年）」の結果から台湾の訪日旅行のツアー利用率は47.7％と、同じ成熟市場である韓国、香港等と比べても高いが、この背景には、キーエージェント制やPAK等、台湾の旅行業界特有の構造が影響しているものと推察される。

　また、訪日旅行商品を造成する際は、コスト削減を目的に直接手配が主流となっており、ランドオペレーターを利用することは少ない。利用する際もそのほとんどは台湾の事業者である。ただし、①直接手配よりも日本のランドオペレーターを利用するほうがコス

ト削減が見込まれるケース、②日本のランドオペレーターを通さないと予約ができないケース、③分野別（宿泊、飲食、交通）や地方別に日本のランドオペレーターを利用した方が仕入れやすくなるケース、④高価格帯商品やインセンティブツアーにおいて安心感の高い日本のランドオペレーターを利用するケースもある。

③　台湾の旅行商品の特徴

　JTBFの「訪日団体旅行商品調査[6]」によると、台湾の訪日団体旅行の旅程日数の平均は5.0日、平均ツアー価格は3万5,429台湾ドル（約13万3,083円[7]）、終日自由行動ができる「フリープラン」が含まれる商品の割合は商品全体の8.3％、行程の一部を旅行会社が設定したいくつかのプランから選択できる「選択プラン」が含まれる商品の割合は10.7％であった（表4-3）。

　1旅行商品当たりの訪問地方ブロック数[8]の平均は1.5ブロックで、1ブロックのみ訪問する旅行商品が67.7％となっている（図4-6）。同じ地方ブロック内や都道府県での滞在時間が長いことに加え、調査対象となっている香港や中国に比べて訪問地の種類が豊富であることも特徴的である。例えば、調査対象となった旅行商品においては全ての都道府県への訪問が確認された。訪問率の上位は、大阪府、

6　調査時期は2016年6月20〜22日、7月19〜20日、調査対象は9社（台湾3社、香港2社、中国4社）が販売する旅行商品で有効商品数は台湾579商品、香港164商品、中国559商品
7　2017年10月23日現在
8　北海道、東北、関東、甲信越、北陸、東海、近畿、中国、四国、九州、沖縄の11ブロック。例えば、1旅行商品当たり北海道のみを訪問している場合は1ブロック、北海道と関東を訪問している場合は2ブロックとしている。

表4-3 訪日旅行商品の概要（国・地域別）

	台湾	香港	中国
平均旅程日数（日）	5.0	5.1	6.2
平均ツアー価格	35,429	8,955	9,560
フリープラン率（％）	8.3	4.9	34.3
選択プラン率（％）	10.7	9.8	14.8
訪問平均ブロック数	1.5ブロック	1.9ブロック	2.9ブロック

資料：(公財) 日本交通公社「訪日団体旅行商品調査」
(注) 平均ツアー価格の単位は、それぞれ台湾ドル、香港ドル、人民元

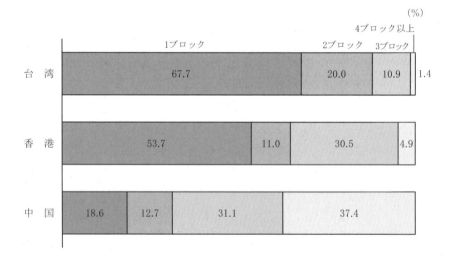

図4-6 訪問地方ブロック数別の構成比

資料：表4-3に同じ。

第4章◆インバウンドの増加と国内旅行業

表4-4　都道府県別訪問地ランキング

	台　湾		香　港		中　国	
1位	大　阪	(130)	大　阪	(46)	東　京	(437)
2位	北海道	(118)	東　京	(36)	大　阪	(366)
3位	京　都	(117)	北海道	(28)	京　都	(354)
4位	東　京	(95)	千　葉	(28)	山　梨	(345)
5位	兵　庫	(95)	岡　山	(27)	静　岡	(227)
6位	福　岡	(86)	兵　庫	(26)	千　葉	(129)
7位	千　葉	(73)	福　岡	(23)	奈　良	(118)
8位	神奈川	(64)	静　岡	(22)	北海道	(110)
9位	長　野	(64)	長　崎	(22)	神奈川	(76)
10位	奈　良	(59)	宮　崎	(22)	愛　知	(54)

資料：表4-3に同じ。
（注）　（　）内は商品数。

北海道、京都府の順となっており、関西方面が人気を集めている（表4-4）。
　特徴的な商品では、白馬や立山での親子自然体験商品や、毎日異なるゴルフ場でゴルフができる商品、サイクリング好きな台湾人の嗜好に合わせ、しまなみ海道、能登半島、京都市等でのサイクリング関連商品等がある。

（2）　香　港

①　香港市場の近年の動向

　日本政府観光局（2016a）によると、2015年における香港の出国者は8,908万人で中国以外の訪問地では日本と台湾が主となっており、2016年には訪日香港人旅行者数が過去最高の184万人となった。JTBFが実施したヒアリングによると、香港人は狭い環境での日常生活を余儀なくされているため、海外旅行の回数を重視する傾向にあ

207

り、近距離圏にある日本、台湾、韓国、タイ等が候補となる。なかでも日本は、地方の多様な魅力が認識されていること、政情不安等がなく、安心して滞在できることから人気を集めている。

② 香港の旅行業界の特徴

ヒアリングによると、香港旅遊業議会（The Travel Industry Council of Hong Kong）に加盟している旅行会社は1,700社程度となっており、その大半は中小企業である。訪日旅行商品を扱う企業は比較的大企業が多く、およそ10社程度である。

訪日旅行商品の造成に際しては、台湾同様、コスト削減の観点から直接手配がほとんどである。大手旅行会社の場合は自社で日本国内にランドオペレーター機能を置いているケースも多い。

③ 香港の旅行商品の特徴

JTBFの「訪日団体旅行商品調査」によると、香港の訪日団体旅行の旅程日数の平均は5.1日、平均ツアー価格は8,955香港ドル（約13万555円[9]）、「フリープラン」が含まれる商品の割合は4.9％、「選択プラン」が含まれる商品の割合は9.8％となった。1旅行商品当たりの訪問地方ブロック数の平均は1.9ブロックとなっている（前掲表4-3）。

調査対象となった旅行商品においては44都道府県への訪問が確認され、訪問率は大阪府、東京都、北海道、千葉県の順となっている（前掲表4-4）。

---

9 2017年10月23日現在

特徴的な商品では日本通のタレントが同行するツアー、観光列車、京都府美山町の放水ショー等があり、個人手配が難しい商品が近年増えてきている。香港では、FIT化が進み、旅行会社を利用する市場は縮小するなか、競争が激化しており、価格競争に陥らざるを得ない状況となっている。各旅行会社がこれを回避するために、従来の商品ではなく、旅行会社の仕入れ力を生かすことができる高付加価値商品を販売することによって、価格競争を避け、新たな市場を開拓しようとする動きであると推察される。

また、FIT化の進展に伴い、航空券と宿泊施設がセットになった「個人旅行向けパッケージ商品」を中心に扱う旅行会社も増えてきている。

（3）　中　国

① 　中国市場の近年の動向

日本政府観光局（2016a）によると、2015年における中国の出国者数は１億1,700万人で、出国率は8.5％となっている。中国人の訪問先はタイ、韓国、日本の順となっている（香港は除く）。

② 　中国の旅行業界の特徴

日本政府観光局（2016b）によると、中国の旅行会社は、中国旅行社（1949年設立）、中国国際旅行社（1954年設立）、中国青年旅行社（1980年設立）を中心に発展してきている。これら３社は国策としてインバウンドの受け入れを目的としてつくられた旅行会社である。1990年代には、経済発展に伴う中国国民の旅行需要の高まりと合わ

せて、国内旅行を対象とする中小の旅行会社が多数設立された。2009年には「旅行社条例」の施行により、中国の全ての旅行会社でインバウンド（訪中外国人の接待業務）の取り扱いが可能となった。また、アウトバウンド業務についても、旅行会社が経営許可を取得した後、2年間にわたり行政処分がない場合には、取り扱いが可能となった。2015年時点で旅行会社数は2万7,399社となっている。アウトバウンド業務（中国人の外国旅行取扱業務）ができる旅行会社は年々増加しており、2014年時点で2,580社が認定されている。

③　中国の旅行商品の特徴

　JTBFの「訪日団体旅行商品調査」によると、中国の訪日団体旅行の旅程日数の平均は6.2日、平均ツアー価格は9,560人民元（約16万3,841円[10]）、「フリープラン」が含まれる商品の割合は34.3％、「選択プラン」が含まれる商品の割合は14.8％となった。1旅行商品当たりの訪問地方ブロック数の平均は2.9ブロックとなっている（前掲表4-3）。

　調査対象となった旅行商品においては31都道府県への訪問が確認され、訪問率の上位は、大都市がある東京都、大阪府、日本の代表的な観光地である京都府、富士山がある山梨県、静岡県、東京ディズニーリゾートがある千葉県等で、日本を代表する観光スポットが存在する都道府県への訪問率が高い（前掲表4-4）。こうした行き先に加え、旅程が長いこと、訪問するブロック数が多いこと等を踏まえると、ゴールデンルート周遊型の旅行商品が多い。中国では来訪

---

10 2017年10月23日現在

第4章◆インバウンドの増加と国内旅行業

図4-7　訪日経験回数別旅行手配方法

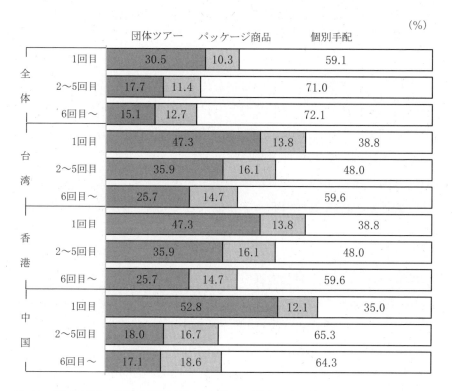

資料：観光庁「訪日外国人消費動向調査」調査票情報を基に(公財)日本交通公社作成

　回数の増加とともに旅行手配方法が団体ツアーから個別手配に移行する傾向があることから、団体ツアーは初めて日本を訪れる人を主な対象にしていると推察される（図4-7）。

4 今後に向けての課題とインバウンド需要を取り込むための視点

　これまでのインバウンド市場と国内の旅行業の現状整理から、訪日外国人旅行者数、旅行消費額ともに増加傾向にあり、インバウンド市場は年々拡大しているものの、依然として国内の旅行会社の主たる事業は国内旅行や日本発の海外旅行であり、外国人旅行の取扱額は拡大の余地を残していることがわかった。そこで、今後国内の旅行会社が外国人旅行のシェアを拡大していくための問題点や課題を以下に整理する。

　1点目は、国内の旅行会社が国内旅行や日本発の海外旅行を中心に業務を行っているのと同様、海外の旅行会社が訪日旅行商品の取り扱いを主導している点である。

　JTBFの「訪日団体旅行商品調査」の結果からも、台湾や香港等の成熟市場では、日本国内の訪問地が多様化しているだけではなく、FITや高価格商品等、商品も多様化している。例えば、台湾の旅行会社は、サイクリング好きな台湾人に合わせて、サイクルツアーを造成しており、国民性や嗜好にきめ細かく対応している。

　着地である日本の旅行会社でも市場別にニーズを把握したうえで、自社の強みを生かせる市場を見極め、海外の旅行会社ではカバーしきれない市場や、着地ならではのきめ細かい商品造成やサービスを提供していくことが期待される。

　2点目は直接手配が進む成熟市場への対応である。これまでの分析から、外国人旅行の取引はBtoBが中心であり、海外の旅行会社

等からの手配等が主たる業務であることが推察される。一方で市場に目を転じると、東南アジア等、訪日市場が成熟していない場合は日本のランドオペレーターの利用率が高いが、東アジア等、訪日市場が成熟するとFIT化だけではなく、旅行会社が団体ツアーを造成する際も日本国内に直接手配ができるネットワークや体制を構築している。実際に香港のある旅行会社が自社のランドオペレーター機能を日本に設置しているケースもある。

　３点目は、国内のランドオペレーターは海外の旅行業者の依頼を受けて手配を行い、サービスを受ける旅行者とは直接取引しないことから、現行の旅行業法の規制が及ばなかった点である。

　観光庁（2016）によれば、これまでは、ランドオペレーターの実態を把握できず、訪日旅行の一部でキックバックを前提とした土産物店への立ち寄り、高額な商品購入の勧誘、貸切バスを下限割れ運賃で契約する等のケースがみられ、訪日外国人の快適かつ安全な滞在が保障されていなかった。また、国内の旅行業界全体では、こうした低品質サービスを低価格で提供するランドオペレーターの存在が、その他のランドオペレーターの健全な営業を妨げる要因ともなっていた。

　こうした動きを受け、わが国では、2018年１月から、ランドオペレーターの登録制度を創設し、管理者の選任、書面の交付の義務化等が行われることになった。また、旅行代理店の業界団体である（一社）日本旅行業協会（JATA）では、ランドオペレーターの品質を保証することにより、訪日旅行の品質を向上し、安全安心な旅行を楽しんでもらうために「ツアーオペレーター品質認証制度」を実施しており、近年、国、業界団体ともにランドオペレーターに関する

213

整備が進められてきている。

　以上を踏まえ、今後、国内の旅行会社がインバウンド需要を取り込むに当たっての視点を整理したい。

　外国人旅行の取引はBtoBが大半を占めており、当面は海外の旅行会社からの企画や手配依頼業務にいかに対応するかが重要となるだろう。前述のヒアリングによると、日本のランドオペレーターはサービス品質において高く評価できる一方で、海外資本のランドオペレーターを利用するよりも割高であると感じており、より柔軟で迅速な対応を求める傾向が強い。そのため、海外の旅行会社では、価格重視型の訪日団体ツアーでは直接手配や海外資本のランドオペレーターを利用するケースがほとんどである。

　しかし、台湾や香港を中心に高価格ツアーやインセンティブツアーではサービスに信頼のおける日本のランドオペレーターを利用することもあり、今後、訪日市場が成熟すると、こうしたニーズはさらに高まるものと考えられる。国内のランドオペレーターが価格競争に参入してもシェアを拡大することは困難であるが、インバウンド市場の成熟とともに高品質なサービスを確実に提供することによって、新たな市場を拡大していくことが期待される。

　また、中小の旅行会社にとっては、大手旅行会社が事業多角化でシェアを拡大していること、インターネット上での取引のみを行う旅行会社OTA（Online Travel Agent）が台頭していることから、厳しい競争環境に置かれることが予想される。一方で、ヒアリングの結果から、海外の旅行会社では、宿泊、食事、観光施設への入場券等、事業者によって得意とする分野が異なるため、サービス分野によって依頼する事業者を変えたり、地方商品を造成する際は、その地方

に精通している事業者に依頼していることが確認されている。今後は自社が強みを発揮でき、かつ大手旅行会社がカバーしきれない特定の市場（例：ムスリム）、特定のサービス（例：宿泊施設の手配）、特定の地域（例：東北地方）等に絞り込んだ事業展開を行い、インバウンド需要を取り込んでいくことが期待される。

（初出：『日本政策金融公庫論集』第38号、2018年2月）

＜参考文献＞

観光庁（2016）「ランドオペレーターの現状について」http://www.mlit.go.jp/common/001148478.pdf

日本政府観光局（2016a）『日本の国際観光統計』国際観光サービスセンター

日本政府観光局（2016b）『JNTO訪日旅行誘致ハンドブック2016（アジア6市場編）』国際観光サービスセンター

立教大学観光学部旅行産業研究会（2016）『旅行産業論』公益財団法人日本交通公社、pp.146-148

第5章

インバウンドにみる
多文化共生社会とは
―地域社会における
外国人住民との相互理解のために―

横浜市立大学国際総合科学部
准教授　坪谷　美欧子

1　問題意識

　地域社会や中小企業がインバウンドと長く付き合っていくには何が必要なのだろうか。近年、各自治体では観光推進やインバウンドに対して力を入れる一方で、中長期的に日本に住む外国人住民への支援は、理解が進まない部分もある。現在、日本には200万人以上の外国人が暮らしており、教育機関や職場のほか、地域社会のさまざまな場面で外国人と接触する機会も増えつつある。

　インバウンドがもつ経済的な側面や「爆買い」、マナーの問題などを取り上げた日本のメディアでのネガティブなイメージのみに惑わされることなく、長期的に観光を通した外国人と日本人の相互理解が進む可能性を考えなくてはならない。

　わかりやすい例を挙げるならば、災害時に言葉や文化・習慣の異なる外国人住民や外国人観光客に対して、いかに正確な情報を伝え、避難してもらうかの問題が当てはまる。実際、東日本大震災や熊本地震でも、その難しさが浮き彫りとなった。総務省消防庁では、留学生らが観光客役となって「やさしい日本語」を使った避難誘導の試行訓練を行ったが、国土交通省でも訪日外国人向けの災害時情報アプリの機能強化や、被災外国人の帰国支援策などを推進している（朝日新聞、2017）。

　外国人住民との異文化交流や相互理解の観点からインバウンドの一層の拡大を促すためには何をすべきか。その反対に、インバウンド受け入れは、地域に住む外国人住民の社会参加や支援を促進する契機となり得るのか。本稿では、自治体における外国人住民の社会

参加や支援事業と観光事業との関連性に着目し、外国人住民と外国人観光客両者を対象とした新たな取り組み事例を分析対象とする。企業も含めた地域社会がどのように両者を捉え、日本の社会がいかに多様性を認めるかについて考察してみたい。

2　問題の背景とリサーチクエスチョン

（1）　外国人観光客と外国人住民

　2003年に「観光立国行動計画」が策定され、その法的な根拠を与えるために、2006年に「観光立国推進基本法」が制定された。海外から日本へ来る旅行客を指す「インバウンド」も、一般的な言葉として定着しつつある。2015年に訪日旅行客は過去最高の1,974万人に達し、日本人の海外旅行者の数字を45年ぶりに上回った（日本政府観光局、2016）。

　一方、現在日本に住む外国人は、約238万人（2016年12月末現在）である（法務省、2017）。彼らは、日本の植民地支配と第二次世界大戦を契機として自発的あるいは強制的に連行され来日した、在日韓国・朝鮮人や在日中国人とその子孫である「オールドカマー（old comer）」と、「ニューカマー（new comer）」と呼ばれる1980年代以降に来日したアジア出身や南米日系人を中心とした外国人とに二分される。近年ではニューカマーの増加が著しい。

　日本における外国人労働者の人数は、厚生労働省による「外国人雇用状況の届出状況」（2016年10月末）に明らかにされている。就労目的の在留資格をもって働く外国人は6割ほどいるが、「永住者」「永住者の配偶者等」「定住者」「日本人の配偶者等」といった、就

労制限のない、身分に基づく在留資格をもつ外国人も多い。日本における外国人労働者の総数である108万3,769人のうち41万3,389人が、身分に基づく在留資格をもちながら就労している人たちで、外国人労働者全体の38.1％の割合を占めている（表5-1）。

　日本における外国人労働者の特徴としては、まず製造業に従事する者の人数が多いことが挙げられる（外国人労働者全体の31.2％）。「外国人雇用状況の届出状況」の産業分類は、日本標準産業分類に対応しているため、推測にはなるが、何らかの形でインバウンドに関わりのある分野において外国人労働者が増加傾向にあることも明らかである。具体的には、「卸売業、小売業」「宿泊業、飲食サービス業」といった業種で、外国人労働者の産業別構成比では、それぞれ12.9％、12.1％を占めている。また、この2業種では、「資格外活動」として従事している者が多い。

　「資格外活動」とは、ほとんどの場合、留学生、または配偶者や親の来日等に伴って日本に滞在する外国人のいわゆるアルバイトを指す。「留学」や「家族滞在」の在留資格をもつ者は、週に28時間以内であれば、風俗営業等の事業所ではないことを条件に、働くことが認められている。「卸売業、小売業」と「宿泊業、飲食サービス業」においては、この「資格外活動」で働く者のほぼ9割が留学生で占められている。

　外国籍の労働者以外にも、親の国際結婚などによって日本国籍を有してはいるが外国にルーツをもつ若者も観光に関連した分野で働くようになっている。彼らの多くは日本国籍をもつため、統計的なデータとして区別はされないが、航空会社、旅行会社やホテルなど観光に関わる業種のほか、日本の教育機関を卒業後に和食や和菓子

表5-1 「卸売業、小売業」「宿泊業、飲食サービス業」における
在留資格別外国人労働者数

	全産業		卸売業、小売業		宿泊業、飲食サービス業	
	人数(人)	構成比(%)	人数(人)	構成比(%)	人数(人)	構成比(%)
総　数	1,083,769	100.0	139,309	100.0	130,908	100.0
専門的・技術的分野	200,994	18.5	28,536	20.5	13,065	10.0
特定活動	18,652	1.7	2,281	1.6	3,218	2.5
技能実習	211,108	19.5	11,556	8.3	1,491	1.1
資格外活動	239,577	22.1	51,443	36.9	82,274	62.8
身分に基づく在留資格	413,389	38.1	45,491	32.7	30,857	23.6

資料：厚生労働省「外国人雇用状況の届出状況」（2016年10月末）
（注）　構成比は小数第2位を四捨五入して表記しているため、その合計が
100％にならない場合がある。

の小売業などへ就職する者も目立っている。例えば、フィリピン出
身の高校生が、得意の英語を生かし、観光分野での就職を希望する
傾向も近年みられる（坪谷、2015）。

　以上のことから、現在日本のインバウンドに関わる外国人として
は、①比較的長く日本に住む者が多い「身分に基づく在留資格」を
もつ労働者、②アルバイト活動の留学生[1]、③日本以外のルーツをも

1　留学生のアルバイトによるキャリア形成への影響については、（坪谷、2014）を参
照されたい。民泊や小売業、また医療観光など中国人観光客の多い現場では、
日本の大学や大学院などに留学経験をもつ、中国人就労者の関わりも深い（坪
谷、2017）。

つ者たちという主に三つのグループによって担われている部分が大きい。観光分野における人材育成が重要視されているが、まずこうした現状を認識することから始めなければならない。

（2）　観光客／住民としての「他者」の受容

　観光客を受け入れるという行為は、「他者」との出会い、そして「他者理解」を意味している。J．ハーバーマスは「差異に敏感な包括」という概念を用いて、異なる文化や習慣をもつ「他者」を理解する際のヒントを与えてくれる（Habermas、1996）。自分たちの社会では「あたりまえ」としてきたことや規範意識との違いなど、むしろ「違う」ことに向き合いながら、相手の国の考えや文化を理解するという、「他者」の受容を説いている。

　観光客を受け入れることは、「他者」からのまなざしに向き合い、画一的なイメージの押し付けを受け入れるだけではなく、観光地の住民からの多様でローカルな表現を産出させる契機ともなる。すなわち、住民、地方自治体、観光協会、旅行業従事者などが、外国人観光客や外国人市民のまなざしを通じて、内省的に自分たちのまちや地域を見つめ直し、それがもつ価値を「再発見」する可能性も秘めている（本田、2017）。

　ただし、D．マッカネルが「ツーリスティックソサエティ（Touristic Society）」と表現しているように（MacCannell、1999）、現代社会全体が観光客の視線にさらされ、外部からのまなざしを常に意識する社会でもある。海外からの観光客の増加は、わたしたちの日常生活が「他者」からのまなざしにさらされ、日本社会について考え直すことを迫られることを意味している。その逆に、日常生

活の領域に観光客が増えると、住民の観光客に対する視線も変化するだろう[2]。

グローバル化が進むにつれ、異なる文化や風習をもつ人々との接触が増えるほど、逆説的に、外国人に対する差別感情が高まり、自国中心主義や自文化中心主義などが台頭する風潮もある[3]。このことは、外国人観光客へワサビを大量に入れて給仕した寿司店や、韓国人観光客への暴力行為、外国人乗客が多いことをわびる車内アナウンスなど、外国人観光客への嫌がらせが近年相次いだこととも無関係ではないだろう。

他方、日本の自治体における外国人の受け入れ施策はどうだろうか。2000年代頃から自治体による多文化共生推進指針などの、施策指針を策定する動きが徐々に増えてきている。地方行政における多文化共生政策・施策とは、地域内に暮らす外国人市民を扱う施策分野であり、人権保障と社会参加の促進を目指しているものが多い（柏崎、2014）。組織的には、外国人住民に関わる施策を専門に担当する部署を設けている自治体はあまり多くなく、庁内の「国際」担当や国際局の部署が、業務の一部として多文化共生も所管するという例が目立つ（柏崎、2014）。

従来、自治体の在住外国人に関わる取り組みは、国際化政策の一つ

2　観光と地域社会や住民について分析する際に、観光者から観光対象に向けられるまなざしや、両者の不平等な権力関係に関するJ.アーリらの議論がある（Urry and Larsen、2011）。
3　このような現代社会に対して、どこか一つの共同体のメンバーになるのではなく、あえて「弱いつながり」を選び、社会や価値観を行き来することのできる、「観光客」的な社会への関与やつながり方が、むしろ重要だという主張もなされている（東、2017）。

として位置づけられてきたが、都市間連携や海外企業誘致が中心となる「国際化」の政策的枠組みと、外国人住民への支援が中心の「多文化共生」施策は相容れない場合もある。

自治体による外国人住民の社会統合政策は、国に比べ長い実績をもつものの、本来の外国人住民への権利保障という施策の実効性に欠けているとの指摘もある（柏崎、2014）。

その理由の一つは、「地域の国際化」という既存の政策や組織に「押し込まれ」ていること、もう一つは、外国人労働者受け入れによる経済的な側面に焦点を当てた議論が先行しがちで、彼らを同じ社会や地域の「構成員」として受け入れる視点が少ないことである。

最近では、この自治体の多文化共生施策や組織が、観光推進事業や組織と連携・合併したり、さらには企業と共同で事業を行ったりする例もみられるようになってきてはいる。

しかし、各自治体がインバウンドに対しては非常に力を入れる一方で、外国人住民への支援について議論が深まらない理由は何であろうか。観光客は一時的な滞在や交流の対象としてみられ、彼らの文化面への理解などはあまり考えなくてよく、それゆえにポジティブな経済的な側面が強調されがちである。一方、外国人住民は、福祉や教育など長期的な支援が必要であり、乗り越えるべき課題が少なくない。

もちろん、外国人住民と、一時的な滞在である外国人観光客という性格の異なる集団を、同一視することはできない。しかし、インバウンドや観光政策が自治体の重要な施策の一つとなっているなかで、「多文化共生施策」から得た経験を観光に生かすこともできるだろう。

このように多文化共生と観光とは、まさに現代社会においていかに多様性を認めるかが試される象徴的な現象ともいえる。だとしたら、いまのところは積極的に推進されているインバウンドの側から、あえて外国人住民の社会参加や支援の拠点づくりを促進する契機として、インバウンドをポジティブに捉え直せないかという疑問が、本稿の出発点である。

　これらの議論を踏まえ、本稿で明らかにするリサーチクエスチョンとしては、①自治体による多文化共生とインバウンド政策の接点は何か、②この二つの領域を関連づける際の課題は何か、③外国人住民の視点をいかにインバウンドに生かすかを設定したい。

3　自治体の多文化共生施策にみられる変化

　ここからは、外国人住民を多く抱える自治体の多文化共生施策や組織と観光の関連性に焦点を当て、政令指定都市である三つの自治体へのインタビューを基に考察していきたい。

（1）　多文化共生と観光促進の組織的統合—仙台市の事例

　仙台市の在住外国人は1万2,523人（2017年12月1日現在）と、政令指定都市の平均的な人数であるが、市内には東北大学をはじめとする教育機関が多く、留学生として市内で学ぶ外国人が多い点が特徴的である。2000年代から防災事業の重要性は認識されていたものの、東日本大震災を経験したことで、日頃からの外国人住民同士のネットワークの必要性が改めて強く認識されてきたという。この教訓から、防災を通じた多文化共生の地域づくりに力を入れている。

第5章◆インバウンドにみる多文化共生社会とは

　ここでは、同市の仙台国際交流協会が仙台観光コンベンション協会と統合し、2015年4月から「仙台観光国際協会」として活動を行っている事例を取り上げたい[4]。

　この統合は、一義的には、「両機関がもつネットワークやノウハウを生かし、仙台の国際化や地域経済の活性化により一層取り組んでいくため」ということだが、市の外郭団体の統廃合という背景があった。仙台国際交流協会と仙台観光コンベンション協会の合併については、仙台市庁内で議論がもたれ、お互いの社会的資源を活用するという観点から決定された。

　両協会の統合後も、仙台在住外国人（留学生、就労者など）と、一時的な観光客への支援事業は、基本的に分けて進められている。外国人住民は同協会の「多文化共生のまちづくり」に関する施策の対象と位置づけられ、一方、外国人観光客は、インバウンド促進に関する施策の対象とされ、アプローチの異なる存在と考えられている。しかし、市議会などでは、「組織統合による相乗効果が見られない」といった指摘を受けることもあるという。

　実際には多文化共生とインバウンド政策の接点という観点では、多文化共生事業で培われた社会的資源をインバウンド事業で活用する側面が強いのが現状であるという。市内の外国人住民グループとのネットワーク、特に仙台に多い留学生や日本人の配偶者のグループとのネットワークがその主なものである。また、市内において培ったフットワークが、観光の分野で生かされることもある。しかし、

4　仙台観光国際協会国際化事業本部国際化推進課への電話インタビュー（2017年10月23日実施）。

その逆の効果や影響は現在のところまだあまり多くはみられていないという。

このように市内在住外国人がもつ経験はインバウンドの受け入れに関しても、生かされる部分が少なからずあるものの、現在は共通する部分と個別の対応が必要な部分との整理を組織内で進めている。両者に関連する支援やイベント等の事業例としては、外国人旅行客の誘致に取り組む市内の温泉地で、外国人留学生がフロント対応の練習に参加したり、イスラム教徒たちの習慣や食事の注意点などを、ムスリムの留学生が研修会の講師を務めて行ったりするなどがある。ハラールフードへの理解を深めるなど、観光に関わる事業者（ホテル、旅館、レストラン）や、広く市内の日本人住民へ向けた国際理解推進や啓発を図るイベントなどをこれまで実施してきている。

（２） 多文化共生に関わる指針の策定—横浜市の事例

横浜市在住の外国人は9万1,715人で（2017年11月30日現在）、政令指定都市のなかでは大阪市に次ぐ外国人人口の多さである。横浜市では、2016年に策定された「横浜市国際戦略」の実現に向けて、戦略の重点的な取り組み事項の一つである「多文化共生による創造的社会の実現」を具体化していくため、10年ぶりに「横浜市多文化共生まちづくり指針」を策定した[5]。七つある国際戦略の６項目までは都市間連携や観光、大規模スポーツイベント、海外企業誘致などに関わるものである。本指針は、７番目に当たる「多文化共生」分野の具体的な施策推進に向けて2017年３月に策定された。有識者

5　横浜市国際局国際政策部政策総務課へのインタビュー（2017年11月10日実施）。

から構成される「ヨコハマ国際まちづくり推進委員会」による議論や担当部署の国際局をはじめ、文化観光局、教育委員会事務局、外国人住民が多い区役所等の関係課長会での議論を経て指針策定に至った。

横浜市の指針では、特に外国人住民と外国人観光客の関連性を打ち出した点が興味深い。同指針が「対象とする外国人」は、①生活者として長期にわたり暮らす外国人、②観光やビジネスを目的に横浜を一時的に訪れる外国人、③留学生や外資系企業の駐在員とかなり幅広く設定されている。これらに加え、日本に帰化した外国人、外国籍の親をもつ子どもなど、日本国籍をもちながらも多様な文化的背景をもつ市民についても、指針が対象とする「外国人」とされている（横浜市、2017）。

また、ややもすれば日本語能力などから「支援される側」と捉えられがちな外国人の多様性を生かし、地域に活力を与える活躍の場と、貢献する機会を作り出すこともうたっている。指針のなかでは、「横浜市外国人意識調査」（2013年）を根拠に、外国人市民は地域活動への参加意欲の高いことが明らかにされている。具体的には、「言語を教える」「日本に来たばかりの外国人の支援」「通訳・翻訳をする」など、回答者の約7割の外国人住民が地域での活動に「関心がある」と回答している（横浜市、2017）。このデータによって、指針策定の議論でも、「支援を受ける側」から「多様性を生かしてともに地域で活躍する」対象へと捉え直すことが強調されたという。

外国人観光客に向けたものとしては、横浜での活動や滞在をしやすいように「おもてなし力を高める」ことも挙げられており、ICTの活用、防災・医療など緊急時の外国人対応の強化、情報の多言語化などが挙げられている。「外国人自身の視点を生かした外国人受け

入れ施策の質向上」(横浜市、2017)が重要であると指摘しているが、具体性にはやや乏しい印象が残る。ただ、市内で最も多くの外国人が住む中区では、本指針を根拠として個別の予算やアクションプランに反映させる試みもあり、指針に基づいた具体的な施策の推進が今後期待される。

（3）　行政サービスと観光の拠点づくり―川崎市の事例

　川崎市に住む外国人は、3万8,209人である（2017年9月30日現在）。同市の外国人に向けた施策の歴史は長く、1970年代から在日コリアンを中心としたオールドカマーに対する権利保障の取り組みから始まり、1990年代からは増加したニューカマーへと対象を広げてきた。

　彼らへの人権保障に力点を置いた施策を有効性あるものにするため、同市では外国人会議の設置や指針の策定を行ってきた。例えば、「川崎市在日外国人教育基本方針―主として在日韓国・朝鮮人教育」(1986年)、地方参政権をもたない外国人市民特有の意見を聴取し、市長の諮問機関として市長に提言を提出できる「川崎市外国人市民代表者会議」の設置（1996年）、「川崎市多文化共生社会推進指針」(2005年) などである。

　ここでは、2018年2月に川崎駅に開設予定の、行政サービスコーナーと観光案内所の機能とを有する複合施設について着目したい[6]。川崎駅北口整備に伴い、新設される100m²ほどの行政施設には、多

6　観光案内所に関しては川崎市経済労働局産業振興部観光プロモーション推進課への確認（2017年12月1日実施）。

言語に対応するコンシェルジュも配置される予定である。住民票の写しなど証明書を発行できる行政サービスコーナー、名産品などを展示・販売する観光案内所と市バス乗車券の発売所といった機能をもつ。

新施設においては、観光業務を市から民間企業へ業務委託の形で行うことが決まっている。観光コンシェルジュは英語、中国語に堪能な職員が担当し、川崎市の観光案内を行う。また英語、中国語を含む複数言語に対応するため、タブレット端末を使用した翻訳・通訳サービスも業務委託先の事業者が開始する予定である。

従来の観光案内所にありがちな、大量のパンフレットが置かれた施設とは異なり、大型ディスプレイにより、観光客のみならず市民に向けて、川崎の観光地などの映像を発信するとともに、市内各エリアのマップや目的地までの行き方などをタッチパネルで見ることができるほか、各種イベント情報をデジタルサイネージで配信するなど、デジタル情報での発信に力を入れている。

「川崎市多文化共生社会推進指針」策定から10年を経過した2015年には、指針に基づく施策をより推進するため、新たに取り組むべき四つの重点課題が掲げられた（川崎市、2015）。その一つに「施策推進の地域拠点づくり」が挙げられている。新たに開設されるこの複合施設は、行政サービスという外国人市民に身近な窓口でもあることから、タブレット端末を使用した翻訳・通訳サービスの提供により外国人住民への相談事業などにつながることも期待したい。市内では外国人住民の多い区役所でタブレット型の翻訳機がすでに導入され一定の成果を上げている。

さらにこの新施設を発展させて、同市の「多文化共生社会推進指

針」に基づいた施策を推進していくための、外国人市民の支援拠点としての機能を模索する道もあるだろう。

4　自治体と企業の連携─海外送金サービスを通した地域の情報発信

　日本において海外送金を取り扱う金融機関は、ネットバンクやスマートフォンのアプリの普及に伴い、近年増えつつある。ここでは海外送金事業を通じて自治体と連携しながら、外国人向けの生活・観光情報の発信に関わるセブン銀行の事例を取り上げる[7]。

（1）　外国人労働者と海外送金

　本事例の検討の前に、大幅に増大している外国人労働者による海外送金の国際的な状況を概観しておきたい。

　世界全体の海外移民による送金額は、2007年に2,650億ドルだったのが、2016年には5,736億ドルへと、この10年で倍増している。移民による送金は、金融危機により減速することが予想されたが、堅調な資金であることが明らかになり、今後も政府開発援助（ODA）の額を凌駕し続けると予測されている。また、多くの移民を送り出す発展途上国の経済にとっても、非常に大きなインパクトをもっている（World Bank、2017）。

　一方で、この巨額な送金の実行については金融機関以外の多様な

7　セブン銀行企画部CSR・広報室へのインタビュー（2017年11月27日実施）。

ルートが存在することも事実で、それらは一定の役割を果たしては
いるが、なかにはマネー・ロンダリングやテロ活動につながるもの
も少なくない。先進国の公的機関による監視と規制の強化も進んで
いる。労働者個人と母国の家族の所得という視点からは、送金にか
かるスピードや安全性、安い手数料などが求められる。また、現代
のグローバル社会全体からみれば、外国人労働者による海外送金は、
まさに新たな国際的な規範を形成する問題の一つといえよう（増田、
2012)。

　セブン銀行は、海外送金事業者のウエスタンユニオンと提携し、
2011年3月から海外送金サービスを開始した。2011年の初年度の送
金件数は約3万2,000件だったが、2017年度には全体で115万件を
計画している。セブン銀行口座のATM画面は12言語[8]に対応してい
るほか、同じく9言語[9]に対応したスマートフォン向けの「海外送
金アプリ」も提供している。海外送金アプリのダウンロード数は、
2016年10月時点で7万4,000件超、2017年10月末時点では13万8,000件
超となっている[10]。

　海外送金事業を開始した経緯はセブン－イレブンの従業員や取引
先の工場で働く外国人労働者との接触から、同行が外国人従業員の
増加に早くから気づいていたことにさかのぼるという。彼らの母国
に対する送金ニーズの高さを認識してはいたものの、当時は取り扱

8　対応言語は日本語、英語、中国語(簡体字、繁体字)、韓国語、タイ語、マレー
　シア語、インドネシア語、ベトナム語、フランス語、ドイツ語、ポルトガル語。
9　対応言語は日本語、英語、タガログ語、中国語(簡体字)、タイ語、ベトナム語、
　インドネシア語、ポルトガル語、スペイン語。
10　インタビューでは、同行の全体および送金先の国別の利用送金金額については、
　明らかにはされなかった。

う銀行が限られていたこと、平日に混雑する銀行に出向く手間や書類手続の煩雑さ、高い手数料等に不満があることを、インタビューを通してリサーチしていた。そこで、同行の基本理念である「社会全体へ向けた」事業として海外送金事業の着手に至ったという。

　同行は、利用者の出身国や言語別に、アプローチの仕方を考えながら、出身国ごとに異なる季節の行事やイベントの際の利用促進を行うなど、外国人利用者のニーズにかなり敏感に対応している。また、地域ごとの外国人利用者の違いなどもシミュレーションで予測し、営業活動を行っている。実際に、川崎駅の駅ビル内のATMコーナーでは、タガログ語で「送金」と書かれた大きな広告が目についたが、同コーナーではフィリピン人の利用率が高いという情報に基づいた対応であるという（図5-1）。

　こうした素地は、海外送金サービス開始当初から在日外国人が国や地域ごとに開催するイベント、祭りや国際交流イベントに積極的に出向き、口座開設のための申し込み会を開催するなど、かなり地道な営業活動にある。他にも入国管理局前や外国人信徒が集まる教会のミサ、外国人向けに母国の食材や雑貨などを販売する店などでも、申し込み会を全国的に行ったという。一般の銀行のような支店をもたない同行であるからこそ、セブン－イレブンやATMコーナーがある地元に根を張った営業活動がバックにあると考えられる。

　なお、多くの技能実習生の受け入れ先である中小企業との関連でいえば、セブン銀行は技能実習生向けにも、実習先の企業から紹介されて口座開設の案内を行っている。実習生を受け入れる企業側からすれば、海外送金について、受け入れた実習生たちがインフォー

234

図5-1　JR川崎駅アゼリア出張所のATM

（注）筆者撮影（2017年10月2日）。以下同じ。

マルな送金ルートや機関を使って給与を母国に送ることを黙認するよりは、透明性の高い方法での送金を促したいということで、近年では中小企業側にもこのサービスが浸透しているらしい。

　高い手数料や煩雑な手続きなどを避ける目的での銀行を介さないインフォーマルなネットワークに頼った海外送金はトラブルや犯罪にもつながりやすい。「技能実習」という制度下での「労働」の在り方や、彼らの雇用環境の改善も大きな課題ではあるが、外国人を雇用する企業や自治体と協力しながら、日本の銀行が海外送金事業を展開していくことも必要である。それは、労働者が日本で得た収入を安心して海外送金できる、健全な国際金融体制づくりにもつながるだろう。

（2）　自治体との協定締結

　セブン銀行は、海外送金アプリを通じた地域情報の発信を主な目的として、外国人が多く暮らす地方公共団体との間で、多文化共生の推進に関する協定を締結している。ATMコーナーや海外送金アプリを通じて、地域の暮らしの情報や災害情報、観光情報などを多言語で配布・配信している（図5-2）。多文化共生推進に関する協定を締結した地方自治体は、2016年の名古屋市に始まり、2017年には愛知県、岐阜県可児市、神奈川県、川崎市、東京都新宿区となっている。今後も、求める自治体があれば必要に応じて応えていく方針である。

　同行と自治体の協定の種類としては、①多文化共生の推進、②多文化共生に観光推進を加えたもの、③㈱セブン－イレブン・ジャパンを含めた三者間包括協定の三つに分類される。名古屋市と川崎市との協定では、②の「多文化共生」と「観光推進」を含めた内容になっている。基本的には、海外送金アプリを通した地域の情報発信がメインとなるが、観光推進が加わっていれば観光情報やパンフレット配布なども含まれる。

　本事業は、在日外国人が抱える問題の一つとして、日常生活において日本語をある程度理解していても、災害などの緊急の情報を正確に受け取れない、もしくは理解できない不安を、上述の口座開設の申し込み会などでの気づきから、発案したものだったという。海外送金のアプリやSNS、ウェブでの情報アクセスなど、このサービスで培った多言語による発信ツールが、有事発生時の情報共有の手段として有効だと、自治体から認められ協定の締結につながった。

第5章◆インバウンドにみる多文化共生社会とは

図5-2　ATMの隣に置かれた神奈川県や川崎市の
　　　　多言語版の生活情報

　ユーザーがスマートフォンのアプリを開いていなくても、直接端末に配信されるプッシュ通知は、緊急の災害情報の配信などに適したツールといえるだろう。自治体としても日本語を解さない外国人住民に、いかに正確に生活に必要な情報を伝えるかは喫緊の課題となっている。
　また、こうした多文化共生社会への取り組みは同社のCSR（企業の社会的責任）活動としても位置づけられている。インタビューでは、海外送金サービスは、「顧客の声を踏まえて誕生した」経緯をもつ同行にとってはあくまでも本業であり、本業を通じ社会における課題を認識・解決しながら、結果的に社会に貢献する姿勢を重視し

237

ている点が強調された[11]。

さらに、外国籍社員も在籍する同行では、外国籍社員の大半が海外送金サービスに関連する業務に携わっている。例えば、海外送金アプリのレートの通知方法は、日本的な習慣では「1ドル」が日本円でいくら、と計算するのが普通だが、外国籍社員の意見を取り入れ、「1万円」が外国通貨でいくらかという観点でレート表示が変更されたという。海外送金サービス開始当時の彼らの多くは、通訳や翻訳としての役割を担っていたが、同じ国や地域の出身で、ともに日本で生活する「仲間」として、彼らならではの視点を生かし、いまでは海外送金サービスの向上や展開に不可欠な存在であるという。

5 結 論

本稿で先に提示したリサーチクエスチョンは、中長期的に日本に住む外国人住民と外国人観光客とへ向けた施策の関連性や、企業や自治体がいかに両者を捉えているか、これらを通して多文化共生社会を推し進めるにはどうすればよいかである。

事例の分析からは、多文化共生とインバウンドとが十分に有機的に連携できている例はみられなかった。主な理由としては、2領域における組織の合併、指針の策定、施設の開設、協定締結といった、

---

11 インタビューでは、海外送金サービスや多言語による地域情報の発信はCSRというよりも、「本業を通じての社会的な価値の提供と創造」である「CSV（Creating Shared Value：共有価値の創造）」につながるものとして認識していることが説明された。CSVについてはCSRに含まれる取り組みの一つで、企業が社会的課題に取り組みつつ、競争力を向上させることを指す。

第5章◆インバウンドにみる多文化共生社会とは

どちらかといえば体制づくりの部分が先行しがちで、その実質的な効果を検証するまでには至っていないことが指摘できる。具体的な施策の真価が問われるのはこれからであろう。

しかし、いくつかの含意も得られた。大震災を経験した仙台市の事例からは、日頃の外国人住民同士のネットワークや人材育成、多文化共生事業を通した市内におけるフットワークを生かした取り組みが、インバウンド分野においても重要であることがわかった。観光コンベンション協会との合併により、観光客へ必要な情報を伝えたり、観光分野に携わる日本人事業者、さらには広く一般市民への、異文化理解についての啓発を行ったりすることなども見据えると、その波及効果や影響は大きいといえる。

横浜市で新たに策定された指針では、外国人市民の地域社会への高い参加意欲を評価し、彼らの活躍を促す点は画期的である。具体的にどのような施策展開につなげるのかが課題となろうが、重要な視点を提示している。本稿のテーマの一つである、インバウンド分野における人材育成や活用でも、外国人住民は活躍が期待できる集団となるだろう。だが、自治体の策定する多文化共生指針やガイドラインに共通する問題として、いかに具体的な施策に移すかや、庁内でどれだけ浸透させるかについては、課題が残っているといえよう。例えば、本指針を全庁的に職員研修などで活用したり、教育機関や民間事業者への周知、市民への啓発につなげたりするのも大切なことだろう。

川崎駅整備を機に開設される行政サービスコーナーと観光案内所を兼ねた川崎市の複合施設は、どのような相乗効果をもたらすだろうか。南北に長い川崎市には、川崎区に「ふれあい館」、中原区に「川

239

崎市国際交流センター」といった、地域の多文化共生の拠点はあるが、北部には地域拠点となるような場所が存在しない。地理的特性を考慮した、北部地区における施策推進の地域拠点が求められている（川崎市、2015）。財政的には新たな施設を作るのは難しいが、既存の拠点を有効活用するなどの方法も検討されてよいだろう。

　セブン銀行の海外送金サービスと自治体との協定締結の事例では、外国人労働者に伴う送金問題、そして外国人市民との多文化共生といった、現在の日本社会が直面する課題を同行がどう認識し、なぜそれに応えようとしたのかは示唆に富む。当然のことながら、他の金融機関との差別化や収益性の視点は欠かせないが、現在の日本では企業による社会的課題への認識、姿勢や取り組み方が問われていることを意味している。

　ただし、外国人住民や外国人観光客への情報発信の視点からは、いま一つの大きな課題がある。ATMコーナーでの資料配布やアプリを使った情報提供も、基本的には自治体が発信する情報が資料となるので、まずは多言語化や「やさしい日本語」での発信を進めることが大事である。また、外国人にとって知りたい情報やコンテンツの充実も急がれる。ゴミの分別や公営住宅の入居方法、子どもの教育や医療、緊急の災害情報など、外国人が日本で暮らすために必要な情報は多岐にわたる。情報伝達のツールが整っていても、コンテンツの充実が進まなければ、効果は期待できない。タブレット端末を使用した翻訳・通訳サービスも、案内や問い合わせの入り口としては有効かもしれないが、相談者の困りごとの解決のために担当部署や支援団体などにつなげる力も求められる。

第5章◆インバウンドにみる多文化共生社会とは

　第2節ではこれまで自治体の多文化共生施策が、国際化政策の一つとして位置づけられてきたために、十分な効果を発揮できていないことを指摘した。同様に、多文化共生と観光との連携も、再びその陥穽に陥らないとも限らない。その場合、やはり異なる対象者として、政策的にも分けられることもあるだろう。また、インバウンド分野での外国人の活用や人材育成の重要性も指摘したが、こうした経済的な側面をあまりに強調しすぎるのも好ましくない。日本社会や経済にとって「役に立つ」外国人とそうではない者とを判別し、公的な支援を受ける外国人に対する批判や偏見を助長しかねないからである。外国人であるがゆえのさまざまな制約から、「活躍」したくてもできない者への社会参加や自立に向けた支援は、現状ではいまだ十分とはいえない。

　いずれにせよ、外国人に対する差別意識の解消や、多様な文化や考え方が尊重される社会を目指し、異なる文化、宗教、習慣などに対する理解を醸成していくことが、何より不可欠である[12]。本稿で論じたいくつかの課題は、外国人住民が多く居住する自治体や地域だけのものではなく、すべての地域社会に共通することである。

　なぜなら、多文化共生と観光とは、社会の多様性への向き合い方や社会のあり方が試される課題であり、実は日本人も含むすべての住民にとって無関係ではないからである。日本に暮らし、学び、働く外国人ならではの視点や声を生かし、彼らの多様性を尊重しなが

---

12 2016年に制定・施行されたいわゆる「ヘイトスピーチ規制法」をはじめ、「大阪市ヘイトスピーチへの対処に関する条例」（2015年）や川崎市の「『公の施設』利用許可に関するガイドライン」の策定（2017年）など、外国人への差別発言や行動に対する法制化が徐々にではあるが進んでいる。

241

ら、地域で活躍する人材として育てることが、インバウンドや観光
分野の将来的な発展にもつながるだろう。

（初出：『日本政策金融公庫論集』第38号、2017年2月号）

＜参考文献＞

朝日新聞（2017）2017年10月30日付朝刊

東浩紀（2017）『ゲンロン0　観光客の哲学』ゲンロン

柏崎千佳子（2014）「自治体による多文化共生推進の課題」『なぜ今、移
　　　民問題か（別冊『環』20)』藤原書店、pp.209-217

川崎市（2015）"川崎市多文化共生社会推進指針"http://www.city.k
　　　awasaki.jp/250/page/0000040959.html（参照2017－12－10）

坪谷美欧子（2014）「留学、就労、定住・再移動へのまなざしの変容
　　　〔在日中国人の今後〕」『なぜ今、移民問題か（別冊『環』20)』藤原書店、
　　　pp. 264-271

坪谷美欧子（2015）「外国につながる生徒による日本の高校での学びの
　　　意味づけと『成功』の変容—中国人およびフィリピン人生
　　　徒を中心に」三田社会学会『三田社会学』No.20、pp.6-21

坪谷美欧子（2017）「中国人観光客の増加と日本社会—『爆買い』と
　　　『おもてなし』を越えた相互理解に向けて」後藤・安田記念
　　　東京都市研究所『都市問題』第108巻1号、pp.15-23

日本政府観光局（2016）"PRESS　RELEASE（報道発表資料)"
　　　https://www.jnto.go.jp/jpn/news/press_releases/pdf/2016011
　　　9_1.pdf（参照2017-12-10）

法務省（2017）"平成28年末現在における在留外国人数について（確
　　　定値)"

http://www.moj.go.jp/nyuukokukanri/kouhou/nyuukokukanri0 4_00065.html（参照2017-12-10）

本田量久（2017）「インバウンド観光と地方再生─地域資源の『再発見』と地域活性化」後藤・安田記念東京都市研究所『都市問題』第108巻1号、pp.10-14

増田正人（2012）「在日外国人労働者の海外送金の現状と課題─高額送金手数料の是正問題を中心に」宮島喬・吉村真子編著『移民・マイノリティと変容する世界』法政大学出版局、pp.71-96

横浜市（2017）"横浜市多文化共生まちづくり指針〜創造的社会の実現に向けて〜"

http://www.city.yokohama.lg.jp/kokusai/multiculture/machishis hin.pdf（参照2017-12-10）

Habermas, Jürgen（1996）*Die Einbeziehung des Anderen: Studien zur Politischen Theorie*, Suhrkamp Verlag.（高野昌行訳（2004）『他者の受容─多文化社会の政治理論に関する研究』法政大学出版局）

MacCannell, Dean（1999）*The Tourist: A New Theory of the Leisure Class*, University of California Press.（安村克己・須藤廣・高橋雄一郎・堀野正人・遠藤英樹・寺岡伸悟訳（2012）『ザ・ツーリスト─高度近代社会の構造分析』学文社）

Urry, John and Jonas Larsen（2011）*The Tourist Gaze 3.0*, Sage Publications.（加太宏邦訳（2014）『観光のまなざし（増補改訂版）』法政大学出版局）

World Bank（2017）*Migration and Remittances : Recent Development and Outlook Migration and Development Brief 28*, World Bank Group

資　料

インバウンド（外国人観光客）の受け入れに関するアンケート：調査票

「インバウンドの受け入れに関するアンケート」の個票データは、東京大学社会科学研究所附属社会調査・データアーカイブ研究センターに設置されているSSJデータアーカイブに収録される予定である。同アーカイブは、学術目的であれば誰でも利用することができる。

詳細は、http://csrda.iss.u-tokyo.ac.jp/を参照されたい。

資 料

インバウンド（外国人観光客）の受け入れに関するアンケート

日本政策金融公庫総合研究所

＜記入上のお願い＞

1　このアンケートは、経営者ご本人がお答えください。
2　ご回答に当たっては、該当する選択肢の記号に〇を付けてください。また、口や（　）の内には、数字または具体的な内容をご記入ください。
3　複数の法人を経営されている場合は、<u>本アンケートの送付先の企業について</u>お答えください。

Ⅰ　事業の概要についてうかがいます。

問1　創業は西暦で何年ですか。

□□□□年

問2　営んでいる事業の業種は次のうちどれですか。複数の事業を営んでいる場合は、<u>売上高が最も多い事業について</u>お答えください。

　1　小売業　　　　2　飲食店　　　　3　宿泊業　　　　4　運輸業　　　　5　その他

問3　現在の従業者数は何人ですか。該当者がいない場合は「0」をご記入ください。

事業主、経営者 常勤役員	正社員 家族従業員	非正社員
人	人	人

問4　最近3年間の売上高の傾向はいかがですか。

　1　増加傾向　　　　2　減少傾向　　　　3　どちらともいえない

問5　最近3年間の採算状況はいかがですか。

　1　黒　字　　　　2　赤　字　　　　3　黒字になったり赤字になったり

問6　お客様が支払う際にクレジットカードやデビットカードを利用できますか。

　1　利用できる　　　　2　利用できない

問7　<u>問6で利用できると回答された方にうかがいます。</u>

　(1)　利用できるのは次のうちどのカードですか。当てはまるものをすべてお答えください。

　　　1　VISA　　　　　　　　　2　マスター　　　　　3　アメリカン・エキスプレス
　　　4　ダイナースクラブ　　　5　JCB　　　　　　　6　銀聯
　　　7　J-Debit（ジェイ・デビット）　8　その他

　(2)　アクセプタンス・マーク（ロゴの入ったステッカーやシール）を貼るなどして、クレジットカードが使えることを明示していますか。

　　　1　明示している　　　　2　明示していない

247

問8　お客様がSuicaやICOCA、WAONなどICカードを使って支払うことはできますか。

　　1　できる　　　　　　2　できない

問9　お客様がスマートフォンや携帯電話を使って支払うことはできますか。

　　1　できる　　　　　　2　できない

問10　店舗やロビー、客室、車内でお客様が使えるWi-Fi(無線LAN)のアクセスポイントはありますか。

　　1　ある　　　　　　2　ない

Ⅱ　インターネットの活用など広告・広報活動についておうかがいします。

問11　店舗や設備、商品など事業内容を紹介するホームページを独自に運営していますか。

　　1　運営している　　　　　　　2　運営していない

問12　<u>問11で運営していると回答された方</u>にうかがいます。

　　(1)　外国語で作成したホームページはありますか。当てはまるものを<u>すべて</u>お答えください。

　　　1　英語のホームページがある　　　　　　　　2　韓国語のホームページがある
　　　3　中国語(繁体字)のホームページがある　　　4　中国語(簡体字)のホームページがある
　　　5　その他の言語のホームページがある　　　　6　外国語には対応していない

　　(2)　ホームページを使って通信販売や予約の受け付けを行っていますか。当てはまるものを<u>すべて</u>お答えください。

　　　1　通信販売を行っている　　　2　予約を受け付けている　　　　　3　行っていない

　　(3)　スマートフォン用のホームページはありますか。

　　　1　ある　　　　　　2　ない

問13　集客・販売のために、ほかの企業や団体が運営するインターネットを使った通信販売のサイトや、飲食店・宿泊施設・バスなどの予約サイトを利用していますか。

　　1　利用している　　　2　利用していない

問14　<u>問13で利用していると回答された方</u>にうかがいます。利用しているのは日本国内向けのサイトですか、海外向けのサイトですか。

　　1　国内向け　　　　2　海外向け　　　　3　国内向けと海外向けの両方

問15　検索連動型広告やバナー広告などインターネット広告を出していますか。

　　1　出している　　　2　出していない

問16　<u>問15でインターネット上に広告を出していると回答された方</u>にうかがいます。その広告は国内向けですか、海外向けですか。

　　1　国内向け　　　　2　海外向け　　　　3　国内向けと海外向けの両方

問17　集客や宣伝のために、ブログやフェイスブック、ツイッター、インスタグラムなどSNS(ソーシャル・ネットワーキング・サービス)またはユーチューブなど動画投稿サイトを利用していますか。

　　1　利用している　　　2　利用していない

問18　<u>問17でSNSや動画投稿サイトを利用していると回答された方</u>にうかがいます。それは国内向けですか、海外向けですか。

　　1　国内向け　　　　2　海外向け　　　　3　国内向けと海外向けの両方

248

資　料

問19　最近1年間に、第三者が運営するホームページやSNS、動画投稿サイトで、店舗や施設、商品などが紹介されたことはありますか。当てはまるものを<u>すべて</u>お答えください。

　　1　依頼して紹介してもらったことがある　　　　　2　依頼していないのに紹介されたことがある
　　3　紹介されたことはない　　　　　　　　　　　　4　わからない

問20　<u>問19で「1」または「2」を回答された方</u>にうかがいます。掲載・紹介されたホームページやSNSは国内向けですか、海外向けですか。

　　1　国内向け　　　　　2　海外向け　　　　3　国内向けと海外向けの両方

問21　店舗や施設、商品などが、<u>現在発行されている観光ガイドブック</u>に掲載されていますか。

　　1　掲載されている　　　2　掲載されていない　　　3　わからない

問22　<u>問21で掲載されていると回答された方</u>にうかがいます。掲載されているガイドブックは国内向けですか、海外向けですか。

　　1　国内向け　　　　　2　海外向け　　　　3　国内向けと海外向けの両方

問23　広告やクーポンを掲載するなどして観光客向けのフリーペーパーを利用していますか。

　　1　利用している　　　2　利用していない

問24　<u>問23で利用していると回答された方</u>にうかがいます。利用しているフリーペーパーは日本人向けですか、外国人向けですか。

　　1　日本人向け　　　　2　外国人向け　　　3　日本人向けと外国人向けの両方

問25　旅行会社が企画するツアーやパック旅行に組み込まれていますか。バスや鉄道、遊覧船など輸送手段を提供している場合を含めてお答えください。

　　1　組み込まれている　　　　2　組み込まれていない

問26　<u>問25で組み込まれていると回答された方</u>にうかがいます。その旅行会社は、国内の会社ですか、海外の会社ですか。

　　1　国内の会社　　　　2　海外の会社　　　3　国内の会社と海外の会社の両方

Ⅲ　外国人観光客（インバウンド）の受け入れについておうかがいします。

問27　外国語の商品説明や看板、店内のPOP、メニュー、パンフレットなどはありますか。

　　1　ある　　　　　　2　ない

問28　<u>問27で外国語の商品説明などがあると回答された方</u>にうかがいます。それは何語ですか。当てはまるものを<u>すべて</u>お答えください。

　　1　英　語　　　　　2　韓国語　　　　3　中国語（繁体字）　　　　4　中国語（簡体字）
　　5　その他

問29　<u>経営者を含めて外国語に対応できる役員・従業員はいますか</u>。当てはまるものを<u>すべて</u>お答えください。

　　1　外国人の役員・従業員がいる
　　2　外国語を話せる日本人の役員・従業員がいる
　　3　外国語を話せる役員・従業員はいない

249

問30 問29で外国語に対応できる役員・従業員がいると回答された方にうかがいます。

(1) 対応できる外国語は次のうちどれですか。当てはまるものをすべてお答えください。

　　1 英　語　　　　　2 韓国語　　　　　3 中国語　　　　　4 その他

(2) その役員や従業員は、外国人観光客を受け入れるために採用した方ですか。

　　1 は　い　　　　　2 いいえ

問31 旅行博や旅行相談会に参加するなど、外国人観光客を誘致するため旅行会社にセールスしていますか。
　　他の企業や団体と協力して行っているものも含めてお答えください。

　　1 は　い　　　　　2 いいえ

問32 外国人観光客を誘致するために、専門の企業にコンサルティングしてもらったことはありますか。

　　1 あ　る　　　　　2 な　い

問33 同じ都道府県内の企業や団体と協力・連携して、外国人観光客の誘致に取り組んでいますか。

　　1 取り組んでいる　　　2 取り組んでいない

問34 問33で取り組んでいると回答された方にうかがいます。協力・連携している企業や団体について、当てはまるものをすべてお答えください。

　　1 都道府県や市町村　　　　　　　　　　2 観光協会やコンベンションビューロー
　　3 商工会・商工会議所　　　　　　　　　4 商店会、商店街振興組合、商店街協同組合
　　5 中小企業組合(4を除く)　　　　　　　6 大学や高校など学校
　　7 留学生の団体　　　　　　　　　　　　8 NPOなどその他の団体
　　9 旅行会社　　　　　　　　　　　　　　10 旅館・ホテルなど宿泊施設
　　11 バスやタクシーなど旅客運送業者　　　12 インターネットを使った情報提供企業
　　13 出版社、新聞社　　　　　　　　　　　14 その他の大企業
　　15 その他の中小企業

問35 お客様のなかに外国人観光客はいますか。

　　1 い　る　→ 問36へ 　　　　　　　2 いない　→ 問37へ

問36 外国人観光客についてうかがいます。

(1) 外国人観光客は月に何人くらい来ますか。

　　1 19人以下　　　2 20〜49人　　　3 50〜99人　　　4 100〜999人　　　5 1,000人以上

(2) どの国・地域の方が来られますか。当てはまるものをすべてお答えください。

　　1 中　国　　　　2 香　港　　　　　　　3 台　湾　　　　4 韓　国
　　5 米　国　　　　6 北米(米国を除く)　　7 南　米　　　　8 ロシア
　　9 欧　州　　　　10 アジア(中国、香港、台湾、韓国を除く)　　11 オセアニア
　　12 アフリカ　　　13 わからない

(3) ターゲットにしている国や地域はありますか。一つだけお答えください。

　　1 中　国　　　　2 香　港　　　　　　　3 台　湾　　　　4 韓　国
　　5 米　国　　　　6 北米(米国を除く)　　7 南　米　　　　8 ロシア
　　9 欧　州　　　　10 アジア(中国、香港、台湾、韓国を除く)　　11 オセアニア
　　12 アフリカ　　　13 わからない

資 料

(4) 外国人観光客の旅行形態はどれが多いですか。

    1　団体旅行　　　　　2　個人旅行　　　　　3　わからない

(5) 外国人観光客のうち、初めての客とリピート客はどちらが多いですか。

    1　初めての客　　　　2　リピート客

(6) 売り上げに占める外国人観光客の割合は何%くらいですか。

    1　1%未満　　　　　2　1%～5%　　　　　3　6%～10%　　　　　4　11%～20%
    5　21%～30%　　　　6　31%～50%　　　　7　51%以上

(7) 免税店の許可を取得していますか。

    1　取得している　　　2　取得していない　　　3　小売業は営んでいない

(8) 日本人向けに以前から提供していた商品やサービスのなかで、外国人観光客の評価が高いものはありますか。「ある」と回答された方は、具体的な内容もご記入ください。

    <u>1　あ　る</u>　　　　　　2　な　い
    ↓

    (記入例) 和菓子作りの体験教室。

(9) ハラール認証の取得やベジタリアン向けのメニューの開発、原材料の詳細な表示など、特定の宗教や主義に配慮して、商品やサービスを提供していますか。

    1　配慮している　　　　2　とくには配慮していない

(10) 宗教や主義に配慮したもの以外で、外国人観光客向けに開発した商品やサービスはありますか。「ある」と回答された方は、具体的な内容もご記入ください。

    <u>1　あ　る</u>　　　　　　2　な　い
    ↓

    (記入例) 外国人宿泊客向けに着物のレンタルを始めた。

(11) (10)であると回答された方にうかがいます。その商品やサービスは日本人客にも売れていますか。

    1　売れている　　　　　2　売れてはいない　　　3　日本人客には提供していない

(12) 外国人観光客について、帰国後もDMやメールを送るなどしてフォローしていますか。

    1　フォローしている　　2　フォローしていない

(13) 外国人観光客に自社のSNSを教えて、感想を書いてもらったり、「いいね」をしてもらったりしていますか。

    1　している　　　　　　2　していない　　　　　3　SNSは利用していない

(14) 外国人観光客から、帰国後も製品や商品(他社のものも含む)を購入したいといわれたことがありますか。

    1　あ　る　　　　　　　2　な　い

251

(15) 外国人観光客を受け入れるようになってから、輸出を始めたり、海外に出店したりしましたか。当てはまる
ものを<u>すべて</u>お答えください。

   1　輸出を始めた　　　　　　　　　　　　2　インターネットでの通信販売(越境EC)を始めた
   3　海外に出店した　　　　　　　　　　　　4　輸出も出店もしていない

(16) 外国人観光客を受け入れるようになって、日本人客の数はどうなりましたか。

   1　増えた　　　　　　2　減った　　　　　　3　変わらない

問37　外国人観光客のお客様について今後どのようにしたいとお考えですか。最も近いものを<u>一つ</u>選んで
お答えください。

   1　積極的に受け入れていきたい　　　→　問38へ
   2　受け入れてもよい
   3　できれば受け入れたくない　　　　→　問39へ

問38　<u>問37で「積極的に受け入れていきたい」と回答された方</u>にうかがいます。外国人観光客を受け入れていくに
当たっての課題は何ですか。重要だと思うものを<u>三つまで</u>お答えください。

   1　設備の改装や拡充
   2　外国語に対応できる日本人従業員の確保
   3　外国人従業員の確保
   4　従業員の確保(上記2、3を除く)
   5　イスラム教徒やベジタリアンなど特定の宗教や主義への対応
   6　外国人の好みに合ったメニューや商品の開発(上記5を除く)
   7　体験型の観光・イベント(料理教室や酒蔵見学など)の開発
   8　観光コースや観光ルートの開発
   9　地域の知名度向上
  10　旅行会社への売り込み
  11　観光ガイドへの売り込み
  12　SNSやインターネットの活用
  13　団体客への対応
  14　急なキャンセルの防止
  15　価格競争力の強化
  16　資金調達
  17　その他(具体的に　　　　　　　　　　　　　　　　　　　　　　　　　　　　　　　　　)

問39　<u>問37で「できれば受け入れたくない」と回答された方</u>にうかがいます。受け入れたくないのはなぜですか。
当てはまるものを<u>すべて</u>お答えください。

   1　言葉が通じない　　　　　　　　　　　　2　受け入れ方がわからない
   3　受け入れ態勢を整えるのに費用がかかる　4　人手が足りない
   5　費用の割にもうからない　　　　　　　　6　クレジットカードの利用を増やしたくない
   7　マナーが悪い　　　　　　　　　　　　　8　文化や習慣の違いになじめない
   9　店舗や施設のイメージが変わってしまう　10　日本人の客が減ってしまう
  11　日本人客からの苦情が増える　　　　　12　近隣住民からの苦情が増える
  13　外国人が来ると萎縮したり緊張したりする　14　その他
  15　とくに理由はない

これで質問は終わりです。ご協力いただき、ありがとうございました。
アンケート票は同封の返信用封筒に入れてご返送ください。

インバウンドでチャンスをつかめ
―中小企業における訪日外国人受け入れの現状と課題―

編　者
日本政策金融公庫総合研究所

発　行
2018年6月28日　第1刷

発行者
讃井　暢子
発行所
経団連出版
〒100-8187　東京都千代田区大手町1-3-2
経団連事業サービス
電話　編集03-6741-0045　販売03-6741-0043

印刷所
サンケイ総合印刷
ISBN978-4-8185-1801-8　C2034
©日本政策金融公庫総合研究所，2018　　禁無断転載